巡礼の鑑

KAGAMI

花山院菩提寺
山本光洋

「巡礼の鑑」心癒の言霊　付、真説般若心経

はじめに

巡礼について私の意識に大きな影響を与えたのが阪神大震災でした。実は私の叔父夫妻が神戸市東灘区に住んでいたのです。私の住んでいる三田市でも相当揺れて諸堂の屋根の瓦が落ちるなどの被害がありましたが、何よりも神戸では大変な事が起きているとニュースで知りました。その叔父の安否を確かめるために、地元の人からトラックを借りて神戸の街に向かいました。

しかしその叔父の家に辿り着くまでが大変だったのです。多くの人々が大変な目に遭っている惨状を見て、「神よ仏よ何ゆえにこのような御業をなされたのですか、この人達は何ゆえにこのような試練を負わねばならなかったのですか」という思いがあふれでて涙がとまりませんでした。

ようやく叔父の家に辿り着くと家は全壊状態でしたが、叔父夫妻は二階で寝ていましたので、軽い怪我で済みました。もし一階に寝ていたら、下敷きになって大変なことになっていたと思います。

そのとき思ったのです。「神よ仏よどうかこの人達をお救い下さいと祈ったとしてどうなるのか、祈ったからといって天から水や食料や毛布が降ってくる訳でもない。神や仏の救いとは何か」という思いです。それともう一つ思いました。

私のお寺は檀家の法事や葬儀を主としているお寺ではなく、諸国を巡礼している人達を受け入れるお寺です。いまこの惨禍に見舞われている人達は、巡礼などできません。戦争などがなくて本当に世の中が平和でありかつ天災などの被害がないこと、自らの身体も健康であり、経済的な余裕と時間的な余裕がなければ巡礼などできません。

このような条件が整った人だけ巡礼をしたら神仏から救って頂けるとか、また何らかの御利益を受けることができるとするなら、あまりにも不公平ではないかという思いでした。

また、ある霊場などでは、この時期にお参りをすれば御利益が何倍もあるとしていますが、それが真の巡礼なのでしょうか。このような思いから人間と神仏の関係とは何か、また巡礼とは何かという思いで過去法話集を作成しました。

その法話集も三巻となり、ここでその法話集を一冊にまとめると共に、さらなる思いを綴りこの本を作成しました。これから巡礼をする人も、また既に巡礼を終えた人もこの本を読んでいただいて何かの参考にして頂ければ幸いです。

花山院貫主　山本光洋拝

「巡礼の鑑」付、真説般若心経 目次

装丁　二ノ宮匡（ニクスインク）
DTP　小山弘子

西国三十三所観音霊場の起源

西国三十三所観音霊場――の起源には、こんな伝承があります。

その昔、播磨の国に生まれその後に大和の国に長谷寺を開基した徳道上人《とくどうしょうにん》は年をとって病のために亡くなったとき、冥土の入口で出会った閻魔大王から次のような託宣を受けて再度現世に戻されたそうです。

「今の世は生前の罪業によって地獄へ送られる者がまことに多く嘆かわしいことである。それゆえ観音様の三十三の宝印を授けるからこれを持ってもう一度地上に戻り、三十三所の観音霊場を開創し、その霊場を巡れば滅罪の功徳《くどく》があることを人々に知らしめて人心を救済せよ」

そして三十三所の霊場を制定すると共に、人々にこの霊場を巡礼することを説いたのですが、残念ながら閻魔大王が歎ずるように当時の人々は、この徳道上人の言葉に耳を貸す

ことがなく、残念ながら世に普及することができなかったのです。

そのため徳道上人は、今はその機にあらずと悟られて、やがてその機が熟したときに後世の誰かがこの霊場を再興してくれることを祈りつつ、閻魔大王から頂いた三十三の宝印を摂津の国、今の中山寺の石櫃に納めました。

その後、徳道上人は長谷寺の法起院で隠居し八十才でこの世を去ります。それから約二七〇年後に第六十五代花山天皇（九六八～一〇〇八）がこの宝印を取り出し、播磨の国の書写山円教寺の性空上人や河内国石川寺の佛眼上人《ぶつげんしょうにん》を先達として、三十三所の観音霊場を再興しました。こうして今の西国三十三観音霊場があります。花山天皇の生涯については、番外霊場の説明の時に少しお話しします。

巡礼は納経することが基本です

巡礼信仰のお寺には必ず納経所という窓口が設けられています。そして巡礼者が印を頂く帳面には、納経帳と記されています。この納経という意味をしっかりと認識して巡礼をして頂きたいです。

日本語は、その文字をみたら意味がわかるようになっている有り難い言語です。ですから文字からその意味を考えてみましょう。

納　経　…　写経を奉納すること
納経所　…　写経奉納の受付窓口
納経料　…　奉納した写経の供養料
納経帳　…　写経奉納した証の印を頂く帳面

右に示すように、納経とは寺社に写経した経文を納めるという意味です。時折納経の代わりに観音様の御前で読経していますという人がおりますが、読経はあくまで経文を唱えることで、納経の代わりになるものではありません。ただ現在では印をもらうことが納経と思い、ご自分の納経帳を広げてここに納経して下さいと言う人もおりますが、それではお寺がその人に経文を納めなくてはならなくなります。

日本語というものをもっと大切にして、その文字が示す意味をしっかりと理解するようにして頂きたいですね。

現在、各霊場では納経をされなくても、ご持参された納経帳に宝印をお授けしていますが、昔は納経されない人には宝印は授けられなかったようです。その意味でいま皆様が持っている帳面の表紙には納経帳と書かれている訳ですから、願わくば真実の納経帳とするために写経をした経文を納めてから宝印を受けて頂きたいと願います。そうでないと納経帳ではなく集印帳になってしまいます。

なお納経して頂く経文は特に決められていません。観音経偈文《ぎょうげもん》でもいいし、また短い経文としては延命十句《じっく》観音経でもいいです。一般的に一番多く用いられているのは何と言っても般若心経です。

これらの経文を巡礼する前にお家で書き上げておいて巡礼当日にお寺に納めてくださ

い。なお写経に記載する年月は写経した日でも参拝する日でもいいです。

よく私は字が下手だからうまく書けませんという人もおりますが、文字の上手下手などはまったく関係ありません。何より仏様は貴方の字が上手か下手かなどすべてお見通しです。写経奉納は書道作品を奉納するのではありません。写経をとおして自分の思いを奉納するのです。

それゆえ、写経をしている時のその人の思いが大切です。達筆の人より手慣れていない人のほうが一生懸命になって写経をする傾向にあります。そのような写経が尊いのではないでしょうか。また写経には毛筆硬筆など関係ありません。鉛筆でも結構です。

もし自宅の環境では落ち着いて写経などできないのならば、お寺の写経場などで写経してもいいでしょう。そのため当方では常時写経ができる写経場を設けています。

ではここで原点に戻って巡礼者はなぜ納経をするべきなのかをお話ししましょう。まず西国三十三所の起源のところでもお話ししましたように、巡礼は滅罪を目的とした旅です。でもただ巡礼さえすれば貴方は滅罪されますという都合のいいことではありません。

まず滅罪するためには、今までの自分の心と行いの在り方を仏の教えを物差しとして振り返る必要があります。そして誤りに気がついたら、今後は仏の教えに従って正しく生きていくことが求められます。そのために仏の教えに従って正しく生きていくことの誓いとして、仏の教えである経文を写して奉納することが求められたのです。

そして写経を受け付けたお寺はその経文を供養するためのお布施（納経料）を受けます。その後写経に記載されている巡礼者の名前を読み上げて、滅罪の修行をしているその巡礼者に御仏のお慈悲とご加護がありますようにとお祈りを致します。またその写経を受け付けた証として御仏の魂入れのご祈禱がなされている宝印をお授け致します。なおこのご宝印のことについてはまた後ほど詳しくお話ししましょう。

さてこの写経奉納については先に述べたように、自らがこの巡礼をとおして心と行いを正していくための誓いという意味と、さらにもう一つ有り難い意味があります。それは納める写経にはその末尾にそれぞれの願いことを書いて納めていいことになっているのです。

たとえば写経した経文が般若心経ならば、その最後の菩提薩婆訶般若心経という文字の横の行の先頭に「ため」という文字を書いて、その下に家内安全とか先祖供養とか家族の幸福等々、それぞれの願いことを記入して写経を納めます。そして写経を受け付けたお寺は先に述べた祈りと共にそれぞれの写経願主が写経に記載している願いが成就されますようにご祈禱を致します。そのため当方では少し手間はかかりますが、写経願主のお名前や戒名などを正しく読み上げるために納経所で読み方を確認しています。何故なら御仏にその人の祈りを捧げる上において違う名前の読み方をすると、別人になってしまうからです。その意味でお名前が二通りに読める方、また読み方が難しい方はフリガナを付けて頂いたら助かります。

ではここで皆様に少し考えて頂きたいことがあります。皆様が寺社に詣でて何かのご祈禱をお願いする時のお布施はいくらなんでも三百円ではないでしょう。もう少し金額が多くなるのではないでしょうか。その意味からすると巡礼で納経をすれば納経料というお布施でご祈禱して戴けるのがいかに有り難いことかを感じて頂きたいです。この有り難さを感じることなく、納経料というお布施を宝印揮毫料と理解して巡礼している人の何と多いことか、誠に残念に感じます。

しかし、このように無知な巡礼者が多いのは巡礼者に原因があるのではなく、納経という意味をしっかりと布教しないお寺側に原因があります。これは後で述べる宝印のことについても同じです。普通の人はこのようなことを知らなくて当然なのです。巡礼について全く白紙の人にそれを説明しないお寺側に問題があるのです。

なおここで納経に関連して経文に対する私の考え方を述べさせて頂きます。

仏教の経文の起源はお釈迦様の説かれた真理を弟子達が集約して記録したものです。釈迦滅後年月が経つにつれ、人から人に受け継がれていくなかでそれぞれが自分流の解釈に基づいて経文を作成しました。

これはある意味で仕方ないことかもしれません。お釈迦様と同じ悟りを得た人ならお釈迦様が説かれた真理をそのまま理解して説明することができるのですが、悟りを得ていないと釈迦様の真理を頭でのみ理解して伝えようとして正しく伝えられなくなるのです。ことに目に見えない霊界の世界についてはこれが顕著に現れます。

このようなことは仏教が中国を経て日本に渡ってくる過程でも行われています。さらにまたお釈迦様の真理を説いた経文ではなく、仏様を讃える経文も数多く作成されています。つまりお釈迦様の教えを限りなく忠実に伝えている経文から学ぶべきなのです。

その意味で私は現在最も流布している玄奘三蔵訳とされる般若心経が最もふさわしいと考えています。本文の二六二文字の中にお釈迦様の説かれた真理をよくもこれだけ集約してまとめたものだと感心しています。お釈迦様の教えの中心である中道と四諦八正道はもちろんのこと、人間はこの世にどのような縁で生まれて来るのかというものを表した十二因縁の教えも入っていますし、またアボロキティシュバラーという悟りそのものについても端的に示されていて、本当に素晴らしい経文です。巡礼で納経する経文の九十九パーセントはこの般若心経です。

ただし、この経文を唱えたり、写経して納経している人がどれだけこの意味をしっかりと理解しているでしょうか。いずれにしろやはりその意味を知ってすることが大切です。

私達僧侶の世界では御仏の御前でお経を唱えることを法楽と言います。これは御仏の真理（法）に出会った喜びに浸るという意味です。やはりそのためには経文の真理を知る必要があるでしょう。頭で言葉の意味を理解するという意味ではありません。

もちろんそのわかり方もその人の感性に応じて浅い深いがあることは事実ですが、経文の意味を知っていくにつれ、経文とはただ暗記したり唱えたりするものではなくそれを理解し心と行いに生かしていくことが大切だと感じるようになります。かりそめにもこの経文を唱えた功徳でお蔭《かげ》を下さいというように祈ることが、いかに御仏に対して失礼なことであるかを考えなければなりません。

そしてまた私達はお経を唱えるときに、開経偈、懺悔文、の次に弟子某甲、盡未来際、帰依仏竟、帰依法、帰依僧、と唱えます。これは、仏弟子である私は、未来永劫にわたって、仏に帰依し、仏の説かれた法に帰依し、その法を実践されている僧に帰依しますという意味です。そうであるなら仏の説かれた法を知らないままで三帰依文を唱えているとするとそれは形だけのことになります。

そこでこの本の末尾には、般若心経の解説を入れています。般若心経とは宗教的真理というより大宇宙を統べる万国万人共通の真理であるという切り口で書いています。そして自然科学を探究している科学者は、神仏の創造された世界を探究しているのですから、神仏そのものを探究しているのだという観点から説明をしています。

またさらに、アメリカの世界的脳神経外科医が体験した臨死体験によるところの高次元の神仏の世界の描写から見えてくるこの世とあの世の関係などを、般若心経の真理と照らし合わせて説明しているので期待しておいて下さい。

このように経文については、本来意味を理解することが求められますが、ただその使い方においては、意味を知らなくても写経や読経をすることで自らの心を静かに落ち着けていくためのツールとしての使い方があるのは事実です。

しかしながらその教えをしたためた経文をただのツールとしてのみ使うとしたら全身全霊をかけて衆生救済のために深甚なる教えを垂れ給うた御仏に対してあまりにも申し訳ないです。どうかその意味をしっかりと理解して少しでも御仏の御心に応えましょう。

霊場の宝印について

この宝印の起源は、先に西国三十三所観音霊場の起源のところでお話しした通りです。徳道上人が閻魔様から頂かれたものですから、人間が作成したものではありません。現在その宝印の所在そのものは不明となっていますが、各霊場の宝印は代々それを写して今日に伝えているものです。

さてこの宝印をご覧になると中に梵字が記されていることがわかります。梵字は古代のインドの文字ですが、この文字をただの文字ではなく、御仏を象徴するものとして用いるときはと呼び、その梵字が示す御仏を想起するためのシンボルとして用います。すなわちその梵字が阿弥陀如来を表す梵字ならば、その梵字はまさに阿弥陀如来そのものとして扱います。

ですから、種子として扱われた梵字にはその梵字が表す御仏の生命が宿っていると思っ

て下さい。その意味で昔は帳面等に押された宝印、すなわち仏の生命が宿る梵字印の上から大悲殿とかその他の墨字を書いていなかったのです。その後年代を経て文字を書くようになりました。そのためか宝印そのものの価値が薄れて、ただ単なる寺の印を頂くというような風潮になっているように思います。

その現れとして人によっては帳面を二冊持ってきて一つには大悲殿のような太文字で書いてもう一つにはひらがなのご詠歌を書いて下さいというような人も増えてきました。そのような人達は宝印ではなく文字を見ているのです。そこには参拝記念朱印収集のために巡礼、いや寺巡りをしているという姿が見えてきます。

もちろんそれでは駄目と否定しているのではありません。そのような巡り方をするのも各自の自由です。しかし巡礼で深く神仏を求めようとするなら、帳面等に書かれる文字ではなく、梵字の入った宝印に心を向けていただきたく思います。

この宝印のルーツは先にも言いましたように閻魔様から徳道上人が頂いたものです。それ以来一千年以上変わらず各お寺に伝えられてきたものです。

ここでなぜ伝えられてきたという表現をしているかというと、この宝印をお授けのために長年使っていますと、摩耗して新しい宝印と取り替える時がきます。その時は古い宝印に入魂されている魂抜きのお祈りをして、つぎの新しい宝印にその魂を入れるお祈りをして皆様にお授けしているのです。

このような作業を一千年脈々と代々続けてきて、いまの宝印があることを知ってくださ い。このような宝印と納経所の受付にいる人間が書く筆文字との価値を比べたら、いや比べること自体が失礼なくらい宝印というものは尊いのです。皆様にはこの意味をしっかりと腑に落として頂きたく思います。

ではここでもう一度、宝印の梵字についてお話しします。その前に皆様には曼荼羅というものを思い出して下さい。

一般的に皆様が目にする曼荼羅は諸仏を絵画で表現したものだと思います。これを大曼荼羅と呼びます。曼荼羅はこの大曼荼羅の他に三つの曼荼羅があります。それは三昧耶《さまや》曼荼羅、法曼荼羅、羯磨《かつま》曼荼羅、と呼ばれるものです。

ここではそれぞれの曼荼羅の説明は省きますが、この四つの曼荼羅の中で法曼荼羅というのは、仏様のお姿を絵で描く代わりに各仏様が梵字で描かれています。そのためこの法曼荼羅を別名で種子曼荼羅とも言います。ちなみに当方には墨字がない宝印だけの掛軸がありま す。その軸は中央の観音像の周りに三十三所各御本尊の梵字朱印が整然と並んでいます。まさに西国三十三所観音霊場の種子曼荼羅です。それを掛けると本当に当方に居ながらにして三十三所の各観音様を拝めるという感じになります。もちろん墨字が揮毫《きごう》されている普通の掛軸も宝印が押されているので意味は同じですが、どうしても墨字が邪魔をしてご本尊の梵字が認識し難くいという感は否めません。

皆様もよろしければ墨字のない掛軸も一つ作られてはいかがでしょうか。ともあれ掛軸や納経帳には御仏の種子（梵字）が一杯詰まっている訳ですから、それを敬う心で大切に扱って頂きたいと思います。なお皆様の中で西国三十三所専用の納経帳ではなく、自由に寺社の宝印を頂ける集印帳を持っている方は、間違っても旅館などの観光スタンプなどを同じ帳面に押さないようにしましょう。

なお「神社と仏閣を同じ帳面に押してはいけないのですか」と尋ねる方がおりますが、本来神社と仏閣は同じだったのです。あの祇園祭で有名な八坂神社も奈良興福寺の「円如」という僧が建てたお寺だったのです。神社と仏閣を分ける必要はありません。

では再度梵字の話に戻して、ここに何種類かの梵字を例に挙げて説明したいと思います。まず「ア」という梵字は大日如来を、「サ」と読む梵字は聖観音を、「カ」という梵字は十一面観音を、「キリーク」と読む梵字は阿弥陀如来や如意輪観音や千手観音などの仏様を表します。

通常西国三十三所霊場の宝印にはそのお寺のご本尊が千手観音であれば、それを表す梵字が一つだけ刻印されています。なお花山院の宝印には三つの梵字が入っています。まずご本尊が薬師如来ですから「バイ」という梵字が一番上にあり、その左下には花山法皇殿に奉祀されている十一面観音を表す「カ」という梵字、そして右下には当山の鎮守である三宝荒神を表す「フゥーン」という梵字が刻印されています。花山院のように複数の梵字が刻まれた宝印をお授けしている寺は数少ないです。花山院以外に複数の梵字が入った宝印をお授けしているのは二番の紀三井寺、三番の粉河寺、番外の元慶寺です。

もし皆様がこの三ヵ寺の宝印の中に刻まれた梵字が表す仏様について知ってみようと思われたら、各お寺にご自身で尋ねて下さい。あえてここでは説明は致しません。その理由は自分で求めることに意味があるからです。

なお西国三十三所の寺院の中で一箇所だけ梵字ではない宝印のお授けをしている寺があります。それは四番槇尾山施福寺です。このお寺の宝印には仏教徒として護持するべき大切な言葉が刻まれています。これも知りたいと思われたらそのお寺に尋ねて下さい。

殊に先達の人にはこの施福寺はもとより、紀三井寺や粉河寺の梵字の仏様を知って巡礼の人に説明できるようになって下さい。先達は一般巡礼者より何かにつけ巡礼知識は豊富でなければならないと思います。名前だけの先達ではいけません。

ともあれ西国三十三所の宝印はただの参拝記念の寺印ではなく、一千年以来代々受け継いだ仏様の生命が宿る梵字印です。そのため宝印を受けるということは御仏の生命を頂く訳ですから、宝印を押している人間に意識を向けるのではなく、御仏に意識を向けてお祈り心でお受け頂きたいと思います。その意味で宝印を頂くときは、男女問わず脱帽合掌を以てお受け致しましょう。

ただこのような主旨に基づき、日々参拝者と接していると、昨今の朱印ブームによる朱印収集が目的で来ている人にとっては、他の寺院では印を押してもらってお金を払えばそのまますぐに渡してくれたのに、何故脱帽合掌なのか、私はそこまで深い信仰心で来ているのではないという態度をする人もおります。それはその人の自由ですが、お寺の本来の仕ことは教えを説き（説教）教化布教をすることです。お寺が教化布教をせずに印を押してお金を受けているだけならそれではただの観光施設になってしまいます。

この朱印集めについて、平成三十一年三月三十一日の産経新聞「日曜に書く」という欄で論説委員の山上直子氏が「朱印ブームに思うこと」として次のように書かれています。

「近年神社仏閣で美しい蛇腹式の帳面を持ち参拝記念にと集める人が増えている。ところがお参りもせず、御朱印だけをもらって帰る人が少なからずいる。宗教心は人それぞれだが、それ以前に神仏とそれを信じる人への礼を欠いていないだろうか」

「もちろん参拝者が増えることで宗教そのものや、社寺の歴史、文化財などに関心が高まるのは喜ばしい。ただし『お金を払っているのだから』という態度はいただけない。御朱印はあくまで授与されるもので買うものではないはずだ」

「御朱印集めも宗教に触れる体験の一つだ。若い人にも関心を持つきっかけになればと思う。節度と心構えをもって、でも難しく考えすぎず、がいい」

山上氏のこれらの意見にはまさに同感です。そうなのです。ただ神仏に対して敬虔な思いを持てば自然と節度ある行為も具わります。

参拝は考えてするものではありません。神仏を思う感性でするものです。この本でも後ほど参拝のお作法について話すところがありますが、お作法も感性から導きだされたものでお作法のための作法になってしまっては本質から離れます。

なお、先の山上氏の言葉の中にある御朱印はあくまで授与されるもので買うものではないはずだ、という所を読んでこう思いました。

「買う」の反対は何でしょう。それは「売る」です。実は朱印を買うような感覚で寺社に来る人を作り出しているのは、その人にも問題があるのでしょうが、寺社側にも問題があるように思います。寺社側が朱印を売って対価を得ているような態度を示していると必然的に相手は買ったという感覚になるのは当然のことでしょう。

先の納経料のところでも申しましたが、納経料をまるで朱印墨字揮毫の対価として払うといったお客様のような感覚を作り出しているのは、他ならぬ寺社側の態度です。参詣者がお客様のような心になると、謙虚な心で宝印を頂くことの尊さや有り難さに対して、感謝する心を持ちにくくなるでしょう。それはその人にとって幸福への機会を奪うことになります。何故なら感謝の心を持つことで人は仏の世界とつながる橋を架けることができ、その人は幸福になるからです。

そのため当方では、ご本尊の御標が自分の持ち物に写されることへの喜びと感謝の気持ちが巡礼者の心に醸成されるように日々心がけています。この感謝と仏の世界との架け橋については、また後でお話ししていますのでご覧下さい。

西国三十三所観音霊場の番外霊場について

当初徳道上人が三十三所を開創しようとしたときは番外という存在はもとよりありません。番外霊場が成立することになったのは、霊場起源の所でもお話ししましたように、花山天皇（花山法皇）がこの霊場を中興されたことによります。

この花山天皇は冷泉《れいぜい》天皇の第一皇子として生まれ、その後お后となる弘徽殿《こきでん》と出会い、さらにそのお后の死を縁として藤原兼家の勧めにより元慶寺で出家し法皇となります。

しかし、その出家が兼家の陰暴策略であったことに気が付いた後は怒りの心で乱行をされました。そのため法皇を揶揄して花山院の狂（郷）とまで言われた記録が残っています。そのような生活をしていると心身共に荒廃するのは当然のことです。

そのとき神仏は法皇と佛眼《ぶつげん》上人とを出会わせます。そして法皇はの教えに従い心を整え救われていきます。その救われたことへの報恩行を上人に求められたとき、西国三十三所の復興を勧められたのですが、すぐさまその旅に出たのではありません。まず熊野の神に自らがその器かどうかのお伺いをたてに赴かれて、滝行を重ねてられているうちに、熊野の神のご神託を受けたことにより意を決して、中山寺の石櫃から三十三の宝印を取り出してその復興の旅に出られました。このとき法皇は熊野の神のご神託を直接受けることのできる霊道を開いた人となっておられたのです。

その法皇が今の二十五番清水寺に登られたとき、東方に五色に光る山を霊視され、その方向に錫をすすめられると、いま花山院が建っている山に到達しました。この山は白雉年間に法道仙人が開いた聖地であり、この仏縁を以て西国三十三霊場を復興の後、法皇はこの山で崩御されるまで隠棲修行されたのです。

もしこの法皇の存在がなければ、今の西国三十三所はありません。またこの国に他の巡礼信仰も興ることはなかったでしょう。それゆえ後世の人達はこの花山法皇の功績を讃えて、巡礼信仰に触れることができることへの感謝の心を持って、まず西国三十三所を巡礼するときは必ずこの法皇ゆかりのお寺に参拝をしてから巡礼を始めていました。この法皇ゆかりのお寺が摂津国の花山院菩提寺であり、山科の国の元慶寺です。そしてまた中興之祖である花山法皇に敬意を示すのと同じく、一番はじめにこの西国三十三所のご縁をこの世に現された徳道上人に対しても同じ思いを示してその菩提寺である大和国長谷の法起院にも必ず参拝を致しました。

このような理由から西国三十三所の霊場には三十三所に加えてお参りする霊場が存在していて、番外霊場と呼んでいます。

現在この番外霊場が存在する真の意味を知らずにお参りしている人が多く、中には番外にはお参りしませんという人もいます。先達でもそのように言っている人がいて驚きますが、自らが巡礼をしていてその巡礼ができる礎を築いて下さった先人に対して、感謝と礼の心を持つことができない人は信心ある巡礼者ではありません。ただの寺巡りをしている人と言えます。

さらに高野山や善光寺や四天王寺も番外と言っている人もいますが、古より巡礼する人達がその途次、これらのお寺に立ち寄ってお参りしているという歴史はありますが、これらのお寺は花山院、元慶寺、法起院のように西国三十三所と直接の関係はありません。

しっかりと真理を知ってお参りをいたしましょう。次に番外霊場と関連して最後のお礼参りという観点で話をします。

巡礼満願後のお礼参りについて

現在巡礼する人が持っている納経帳や掛軸には西国三十三所とその番外霊場の印を頂くという観点からすると、掛軸や納経帳の宝印枠は合計三十六枠でいいのですが、それ以上に余白が設けられている場合が多く、よくこんな質問を受けます。

「西国三十三所と番外霊場はすべてお参りしたのですが余った余白には何処にお参りしたらいいのですか」

「西国の番外霊場以外の善光寺ですか高野山ですか四天王寺ですか」

これらの質問を聞いて思うのは、「何処へお参りしたらいいのか」というお参りをする対象寺院のことは聞かれるのですが、「こういう思いでお参りをしたいのですが何処へ行けばいいでしょうか」というようなお参りの目的を尋ねてくる人は少ないということです。

私は納経帳などの余白枠はお礼参りの枠と捉えるようにお願いしています。お礼のお参

りですから、お礼をするだけの何かを賜ったことへの感謝がなければなりません。三十三所の巡礼について言えば、この霊場巡礼を満願できたことへの感謝の思いです。「はじめに」でも言いましたが、世の中が平和で、健康で、経済的な余裕も時間的な余裕もあり、多くのお蔭を受けてこそ巡礼ができていることへの感謝の心が欠かせません。

信仰で一番大切にするのは感謝の心です。特に先達となっている人にはこの心が大切です。なぜなら大先達になるには現在では最低で六回以上巡礼ができないとなれないからです。この霊場を六回以上も巡られることはどれだけ恵まれどれだけお蔭を受けていることでしょうか。これに気がついている先達は謙虚で腰が低くまさに、「実るほど頭を垂れる稲穂かな」のごとき姿で人々に安らぎを与えていきます。

しかし先達は周りから先生、先生、と奉られますので、ついこの心を忘れがちになります。私は先達であるという自負心がありますと、どうしても傲慢な心が出て参ります。

やがて私達はこの世を去りますが、傲慢な心の波動を持っている人は天国の門を通れません。これは地獄に堕とされるという意味ではなく、ただ単に天国の波動とは合わないので行けないだけのことです。この来世の仕組みについては後ほど神仏の救済と六道の世界の説明で述べたいと思います。

さて、また話がすこし横に逸れましたが、お礼参りをするにはまず何はともあれご自身の心を感謝の心で満たすことから始まり、その感謝の気持ちを持って何処のお寺にお参りしようかと考えましょう。その時、ご自身にとって一番心が惹かれるお寺にお参りされたらいいと思います。

参考までに少し例をあげましょう。まずある人は最初に巡礼を始めたお寺がやはり一番心に惹かれるのでそのお寺に再度お参りをして印を頂くという人がいます。当方でも納経帳や掛軸を求められた方がそのようにされることがよくあります。

この場合、当方でお求めになった掛軸には宝印が押されていますので、同じ宝印を別の余白欄に押すことになります。そのため一つの掛軸に同じ宝印が二つ押してあることになるのですが、それぞれの宝印を受けたときの意味は変わってくるのです。最初の指定された枠の中に押してある宝印は発願の宝印。そして別の枠に押してある宝印は同じ宝印でも結願の宝印となります。

この話をある人にしたときに、その人が言うには折角印を頂いて廻るのなら、同じお寺の印を二つももらわずに別のお寺でもらったらという言葉が返ってきました。特に朱印集め的な感覚でお寺参りをしている人の場合はそのように言いたくもなるでしょうが、純粋に信仰という心でお参りしている人は先に示したようなことをよくなされます。これは当方から巡礼を始めた方が私の法話集を読んで巡礼の真意を理解した結果としてなされていることで、もしかしたら他の寺院ではあまり見かけないことかもしれません。

そしてまたある人は、このように巡礼が健康で事故もなく道中安全で満願できたのは観音様のご加護だけでなく、ご先祖様もお守り下さったから満願できたのだと感謝をされて、ご自分の先祖の菩提寺にお参りをして印を頂く方がおります。また菩提寺にそのような印がない場合はその菩提寺の宗派のご本山にお参りして印を頂く方もおります。

この場合は真言宗なら高野山に、天台宗なら延暦寺に、曹洞宗なら永平寺に、浄土宗なら知恩院に、とお参りをされます。この場合の高野山等へのお参りは西国三十三所の番外としてのお参りではなく、お礼参りとしてのお参りですから番外霊場参拝とは区別してください。

なお参考までに申し上げますと、宗派のご本山でも浄土真宗の東西本願寺には、このような印はありませんと申し添えます。

ある時のこと掛軸を持って巡礼した人が、西国三十三所の番外は三つとも全てお参りしたのですがその他に一つだけ空白があります。「前に本で読んだのですが、ここは善光寺に行くものなのですか」と尋ねられました。たしかに最後は善光寺に行くものであると書かれた本があるのは知っていました。なぜそのように書かれているのかという理由を言うと、善光寺にはご本尊阿弥陀如来様と共に西国、坂東、秩父の百観音の観音様がお祀りされていて、昔から観音霊場巡礼結願の寺という信仰があり多くの人がお参りに行っています。

そのようになったいわれは、観音様というのは勢至菩薩と共に阿弥陀如来様にお仕えなされている仏様なので、観音信仰で巡礼を満願した人はその観音様がお仕えなされている阿弥陀如来様をお祀りする善光寺にお参りするのが道理であるという信仰が流布された所以です。

しかしお礼参りは先に示したようなことですから、善光寺に行くものであると限定されたものではありません。

そこでこの質問をされた方に先に示したお礼参りの説明を致しますとその人も納得されてその人のお家の宗派が曹洞宗であったので、宗派のご本山である永平寺に行くことを決められました。そのあとのこと、そうすると掛軸の枠組みには宝印がすべて揃いますので、もう他のお寺の印を頂くことはできないので善光寺には行かなくていいのですか、という質問がなされました。

この質問の場合、二つの意味が考えられます。自分が読んだ本には最後に善光寺に行くべしとなっていたのに行かなくても本当に大丈夫なのですか、という問いかけと、ただ単純に枠組みが一杯になったので行かなくてもいいのですねという意味での問いかけです。まず最初の意味での問いかけなら西国三十三所の番外霊場として「行かなければならない」という義務的な表現に該当するお寺は先に示した花山院菩提寺と法起院と元慶寺だけですから、その他に義務として行かなければならないお寺はないと説明しています。

そして後者のような意味での問いかけに対して注意しなければならないのは、ただ単純に枠組みが一杯になったのですからもう行かなくてもいいですよというような対応です。

これはいけません。なぜならお寺参りとは宝印を揃えるためだけにするものではありません。たとえ善光寺の宝印は頂けなくても善光寺にお参りすることはよいことです。日本全国どこを探しても行かなくていいお寺は何処にもありません。機会と縁があれば宝印を頂くか頂かないにかかわらず、いろんなお寺にお参りができきることそれは幸せではないでしょうか。

先達をしているような人にはこのような質問に受け答えするような機会があると思いますがくれぐれも注意をして対応して頂きたいと思います。

巡礼満願後、掛軸や納経帳はどのように扱うのかについて

本来巡礼者が納経する理由は、御仏に対して仏道修行をしていくための「誓い」を示すと共に、自らの願いを各札所で祈って頂くという意味であると申し上げました。

このように仏道精進を誓って納経した証に宝印を戴いた納経帳や掛軸は、日々御仏に護られていることを感謝するための心の糧として使うものです。

そしてさらなる使い方として参考までに皆様にお尋ねします。皆様は巡礼中に何の願いをお祈りされましたか、亡き人の供養であったり、また家族が幸せに暮らせること、また具体的には入学祈願、就職祈願、良縁成就、病気平癒等々それぞれいろんな願いをお祈りされたと思います。そのお祈りを受け取って下さった御仏に対する感謝の祈りを捧げるために掛軸や納経帳を使います。

もちろんそれらの祈りは巡礼中だけでなく、その後も各ご家庭でお祈りをして頂いたらいいわけで、その祈りの時に納経帳や掛軸をお使い下さい。たとえばお正月がくれば、床の間にこの掛け軸を掛けて、新たな年を迎えて家族のみんなが幸せであるようにお祈りをして頂いてもいいわけです。

ではここで実際にあった例をお話ししますので、ご参考にして下さい。

あるお家の方ですが四国八十八カ所を私と一緒に遍路され、また西国三十三所も巡礼されました。その目的は自らの修行という意味とご先祖様の供養、そして家族の安泰を願って、そして殊に願われていたのがある年齢をすぎてもまだ独身であった娘さんに良い縁談がありますように、という願いの巡礼でもあったのです。

そしてその後お蔭を頂かれてその娘さんはめでたく結婚をされました。昨今は仲人もなく結納というような儀式も執り行われなくなっていますが、その当時はまだ従来の習慣に従って婚約結納の儀をなされたのです。その当日、結納品を飾る部屋の床の間には四国八十八カ所と西国三十三所の宝印を頂いた掛軸を掛けられました。

さてその当時の人々は自分達の地域内のある家でめでたく婚約が決まり結納の儀が執り行われたことを知ると、皆それぞれが大安の日を選んで御祝いを持って行きます。その御祝いを持って行った人達の中で、結納品を飾っている部屋の床の間に四国八十八ヵ所と西国三十三所の掛軸が掛けられているのを見て奇異に思った人がいたようです。その人達はこう思ったようです。

「葬式や法事などの仏事用の掛軸をめでたいお祝いの時に掛けて、あのお家の人はおかしいのではないか、高砂の掛軸などめでたい時に掛ける掛軸を持っておられないのだろうか」

このように地域内で話されていることが私の耳に入りました。人間というのは本当に形式のみにとらわれる存在なのだなという思いと、平素の私の布教の至らなさを感じました。

私はそのお家の人の心が本当によく理解できます。それは私と四国八十八ヵ所を一緒にお遍路されていたとき、各お寺で祈願を申し込まれる際には、先祖供養と家内安全の祈りと共に必ずその娘さんの名前を書いて良縁成就を祈られているのを見ていたからです。

今の時代ではアラフォーなどという言葉も平気で使われていますが、当時は現代の感覚とは違って、そのような年代になっても独身である娘さんのことをご両親共々本当に案じておられたのです。それが何とご縁というものは不思議なもので四国、西国の巡礼が終わられた後、縁談の話がとんとんと進みめでたく結婚されるということになりました。ご両親にとっては少し諦めの思いも持ち始めていた時の縁談ですから、その喜びというものは大変大きかったのです。

そのため四国八十八ヵ所のご本尊様とお大師様に、そして西国三十三所の観音様にお蔭を頂いたと心からの感謝をされたのです。その感謝の心を込めて結納品を飾る床の間にその二つの霊場の掛軸をかけられていました。その親心は、四国のご本尊様、お大師様、そして西国の観音様、良縁成就の祈りを叶えて頂き本当に有り難うございました。どうか嫁ぐ娘がこれからも末永く幸せでありますようにお護り下さい、という御仏への感謝と嫁ぐ娘への暖かい祈りの心であったのです。

ところが、そのお家に御祝いを持っていった人の中の一部の人が仏事の形式と慣習のみに囚われて先にお話ししたような偏った判断をしてしまったのです。私は心を見ずにただ形式と習慣に流されていく人達の寂しさと哀れさを感じました。

皆様はいかがでしょうか。納経軸等は仏事の時にのみ使うものと決めつけられておりませんか、一度自己点検をしてみましょう。

また次に納経帳は自分が亡くなった時に柩に入れるものですか、と尋ねる方もあります。これについては入れてもいいし、入れなくて別の使い方をしてもいいし自由です。要は入れるか入れないか、というお作法としての考え方より、なぜ入れるのか、なぜ入れないのかという心の問題が一番重要です。

これもまた実際にあった例をお話ししますので、参考にしてください。あるお家でその家のご主人がお亡くなりになられた時のこと、実はそのお家の方とは私が主催する団参で一緒にお参りをしたのですが、奥様が柩の中に寝ているご主人の周りに蛇腹式になっている西国霊場の納経帳を屏風のように広げて入れておられました。信仰心厚い奥様が、「どうか貴方、観音様に護られて安らかな浄土へ旅立って下さいね」という心でされていたのです。私も仲良かったお二人のことをよく知っていましたので、それを見て胸が熱くなりました。

ではさらにもう一つお話をします。そのお家のお父様が亡くなられたときのこと、そのお父様はお寺参りがお好きで、四国、西国、その他の霊場もたくさんお参りをされていました。そのためお家には何冊かの納経帳があったのです。

実をいうとそのお父様と息子様とはあまり仲がよくなかったようで、亡くなられて通夜が終わった後に、「親父がいろいろとお寺参りをしてここにたくさん帳面が置いてあるけど、燃えるゴミに出す訳にもいかないし、一度お寺さんにどうしたらいいか聞いてみよう」と奥様に聞かれたそうです。そのとき奥様が「あるお家では柩に入れて持っていってもらわれたようですよ」と言われたのを聞いて、「あっ、そうか、親父に持っていってもらったらいいのや、これら全部を柩に入れよう、そうしたら後々に処分に悩まなくてもいいや」ということで柩に入れられたのです。

この二つの事例を読まれていかがですか。柩に納経帳を入れたという行為は全く同じですが、その心が違いますね。ですから柩に入れるか入れないかという所作よりもその心が大事であることをこの二つの例で感じて頂ければ幸いです。

ではもう一つ次のような使い方も参考にして下さい。それはご主人が亡くなったとき、奥様は「これは主人と二人で巡礼をした思い出の品です。主人の形見ですから思い出として大切に取っておきます。そしてもしかしたら私が死ぬ時に抱いていくかもしれませんが、もし仮にこの帳面を置いて私が逝ったならば、子供や孫達が仏壇の前に来てこの納経帳を見て私達のことを思ってくれる品として扱ってくれたら嬉しいですね」と言っておられました。

実はそのお家ではその奥様の舅、姑に当たる人も信仰心厚く四国、西国へのお参りをためされていたようで、その人達の納経帳も置いてあったのです。そしてお盆などの時にはご自分の子供や孫達に、その古い納経帳を見せて、貴方達の曾祖父と曾祖母に当たる人が四国と西国をお参りした証の帳面がこれです。このお家のご先祖様にはこのように信仰心厚い人がおられていつも私達を護って下さっているのです。「ご先祖様に感謝しましょうね」「はい、合掌してお祈りをしましょう」と語りかけておられたのです。このような扱い方もあります。どうか皆様にはいま紹介した事例などを参考にされて、ご自身の納得いく扱い方をしていただいたら幸いです。

なお、掛軸について一つ補足しておきます。

まず表装した掛軸は通常桐箱に入っていると思います。その桐箱の上蓋にはお寺様で箱書きをしてもらいましょう。大きなお寺では受付け係の人が書いている所もありますが、できればご住職に書いてもらえるお寺がいいですね。そして人によってはその掛軸に魂入れをするのですかと尋ねる方もおります。この魂入れとは掛軸の中に描かれている観音図に対してするのですが、通常は押入などに仕舞っていてお盆やお正月とか何かの祈りをする時だけ出すというような使い方をするならあまりなされない方がいいかもしれません。

ではもう一つ巡礼用品としての白衣、おいずる、というものがありますので、この〝おいずる〟の意味とはどういうものであったのかという点について次にお話しします。

「おいずる」の本来の意味について

おいずる、は笈摺と書きます。昔の巡礼者達は巡礼道具を入れた笈を背負っており、歩くたびに摺れる笈から背中を守るために白衣を着ていたという意味から、巡礼中に着る白衣を笈摺と呼ぶようになったと言われています。ただこのように手法としての意味だけではなく、この「おいずる」には巡礼をする人達の深い信仰心が表されています。

まず、一つには昔の巡礼というのはまことに厳しい旅であったため、「その道中ではもしものことがあるかもしれない、もしそのような状態になった時には巡礼者として死出の装束のお世話をして頂かなくてもいいようにこのままの姿で埋葬して下さい」という意味が込められています。

すなわち昔の人達は、ひとたび巡礼に旅立つと、何時あの世に召されてもいい覚悟で巡礼をしていました。そういう死に装束という意味で白衣を着て巡礼をしていたのです。そ

してもし巡礼中に命を落とした場合は、その巡礼装束のままで亡骸を埋葬してもらい、そしてその上に巡礼者が必ず持っている金剛杖を建ててもらったのです。

この金剛杖にはそれぞれの面に仏様を表す梵字と同行二人の文字、さらには巡礼者の名前が書いてありますから、巡礼者を埋葬した上に金剛杖を建てればそれが五輪塔婆の墓標となったのです。

昨今西国霊場では白衣を着て巡礼する人の比率は低いですが、またその白衣を着ている人とて、今自分が死出の装束を着ているという感覚ではありません。あくまで巡礼装束の白衣という感覚で着ておられます。本来のおいずるの意味を知って着るとするならば、左前にして着るのが正しい着方となります。でも一般に販売されている笈摺を製造している業者もこの真理を知らず、普通の白衣として販売していますので、紐の付け方が左前になるようになってはいません。

そしてもう一つこの「おいずる」には巡礼信仰の本質に通じる本来の大切な意味があります。それは西国三十三所の結願のお寺である谷汲山華厳寺のご詠歌に「今までは親と頼みし笈摺を脱ぎて納むる美濃の谷汲」と読まれていることにその意味が示されています。谷汲山華厳寺に参りますと本堂の横に笈摺堂が建てられていて、古来より巡礼を満願した人はこの笈摺堂に笈摺を脱いで納めて帰っていたのです。自分の死に装束として持って帰ったりはしていませんでした。

この笈摺の使い方を考える上で昔と今と巡礼者達の年齢層の違いを考えてみて下さい。たとえばまだ現役で働いている人達に巡礼をお勧めすると、「私達はまだお寺参りをする年齢ではありません。もっと年を取ってからまた考えます」という答えがよく返ってきます。

もちろんそのような方ばかりではなく若い人も巡礼をしていますが、平均的に年齢層の高い人達がお参りしています。ところが、電車も車もない時代に巡礼をお勧めしたらどうでしょうか。畿内の霊場を自分の足だけを頼りに巡礼するわけですから、おそらく現代の方とは逆の言葉が返ってくるのではないでしょうか。すなわち、このお勧めを受けた人達はきっと、「そうですね、できればそのような功徳を積むことをしてみたいですね、そしてまた巡礼は年を取って足腰が弱ってはできるものではないですから、若い間に是非したいと思います」という答えが返ってくるはずです。

すなわち昔は若い人が巡礼をしていたのです。ですから本来の巡礼の主旨からすると年をとって足腰が弱くなってからするものではありません。

先日もある巡礼者から、いま車で巡礼をしているのですが足が弱っているので、花山院には洋式のトイレがありますかという問い合わせがありました。和式トイレに座れないくらい足腰が不安な状態の人が西国三十三所の巡礼をするというのは、巡礼寺院としてはそもそも想定外のことになります。

このように現代と昔とでは巡礼する人の年齢層が違うのです。昔の時代に若い人達が巡礼をするときに、もはや自分が死ぬときを想定してその準備のために白衣を持って廻ったりはしないでしょう。西国三十三所の起源のところで申し上げましたように、巡礼の原点は滅罪洗心の行です。それは死後地獄に堕ちないためにするのではなく、自分の心を洗って綺麗に生まれ変わり、日々を御仏と共に幸せに歩めるための自分つくりのためにするのが巡礼です。この生まれ変わるという意味が大切で、ひと度巡礼に出るともうその世界は現世ではありません。御仏がおわします黄泉の世界に足を踏み入れているのであって、巡礼が終わって現世に戻ってくるときは新たに生まれ変わった自分として帰ってくるのだという決意を体現したのが、笈摺という死に装束姿の白衣であったのです。

このような決意で巡礼をしていた昔の人達は無事に谷汲山華厳寺に辿り着くと、観音様のご加護の下、無事に満願できたことを心から感謝して巡礼装束として着ていた死に装束を笈摺堂に納めました。そのとき巡礼者は白衣の姿から普通の姿に変わります。滅罪が終わり清らかに生まれ変わった瞬間です。これが巡礼の目指すところです。

まさに巡礼装束の白衣とは、巡礼で滅罪し、清らかな人間として生まれ変わるという巡礼信仰の真髄がその姿に現れているのです。

また昨今では西国三十三霊場のことを一千三百年続く終活の旅のような表現もされたりしていますが、先に述べたことでもわかりますように、昔は若い人が巡礼していたのですから、終活のための巡礼などではありません。

もちろん、現代の人達が終活のために巡礼をすることについては、それはそれでいいでしょう。笈摺の使い方も時代と共に変わってきたのですから、巡礼も同じように変化するのは何も問題はありません。ただ問題なのは一千三百年続く終活の旅という表現です。まるで一千三百年も前から終活のために巡礼をしていたように誤解される表現は慎んでほしいです。

このように何事も時代と共に変化するのは常ですが、本来巡礼装束として身につけていた白衣を満願すれば谷汲山の笈摺堂に納めていたのに、いつの間に持って帰って死出の旅立ちに使うようになったのでしょうか。私なりに推察するに、死後の安楽を願うという心は西方浄土に成仏することに通じますから、この国に浄土信仰が盛んになってから笈摺を死出の装束として使うようになったのではないでしょうか。西国三十三所の各霊場の宗派を示しますと、古くは法相宗、そして多いのが天台宗と真言宗です。この天台宗と真言宗は共に密教と呼ばれる宗教です。この密教というのは浄土に安楽することを願うというより、現世で仏となるために修行をするという要素が濃い宗教です。そして時代が流れて浄土信仰が盛んになります。その時西国、四国の霊場もそれを取り入れて、この霊場を巡礼すれば浄土に成仏できるという信仰を広めたのではないでしょうか。

これはあくまで私の推測ですが、ともあれ、今では多くの人達が自らの死に装束のために、また肉親が旅立つ時に着せてあげるために笈摺に印を頂いて持ち帰っています。その使い方に対して巡礼で使う笈摺の本来の意味からすると、それは間違いであると否定するためにこの話をしているのではありません。今の笈摺の使い方は旧来の巡礼信仰の笈摺の使い方に新たに付け加えられた信仰形態です。

人間は誰も死にます。その時に安らかな浄土に成仏したいと願うのは誠に素直な心情です。その心情から出て来た新たな信仰形態を否定する理由は一切ありません。ただこのような自分の死に装束にする意味でご持参された笈摺に宝印をお授けする時には、納経帳などに印をお授けするときは違って、何かしら感情が動きます。それはいま私が宝印をお授けしているこの笈摺はこの人にとっていざという時に使われる訳ですが、できればその日が遠き先でありますようにという思いと、そしていざこれを着て布団の上に寝かされたとき、どのような心境で人生の終焉を迎えられるのだろうか、さらにまたその時には霊界からのお迎えの霊と出会われて安らかな世界に行って頂きますようにという思いがわいてきます。

このような祈り心を抱いて宝印をお授けをしていますので、どうか皆様におかれましても笈摺をお出しになる時には、どこでもいいから適当に印を押して下さいというような出し方ではなく、このような祈り心を持って丁寧に受付にお出し頂きたいと思います。

なおここで一つ皆様にはお願いがあります。それはこのように死出の装束に使うために笈摺を持って巡礼するだけではなく、巡礼者として白衣の笈摺を着て巡礼をして頂きたく願います。団体参拝の皆様の場合はよく着ておられますが、個人で　参拝している方においては笈摺を着ている人は数少ないように思います。もし一般交通機関を利用して参拝しておられる人ならその道中では身につけていなくともお寺に着けばそれを着て参拝して頂きたいと思います。そうすれば心も引き締まるでしょう。そして折角谷汲山華厳寺には笈摺堂があるわけですから、満願したときには古来の巡礼作法に則り笈摺堂に笈摺を納めて清らかに生まれ変わった心境で巡礼を終えて頂きたいと思います。

本当の代参（誰かの代わりにお参りすること）は素晴らしい

皆様の中には、肉親や誰かのことを思ってお参りしている方もあると思います。それは現世にご健在の方だけではなく、亡くなられた方への場合もあるでしょう。

たとえば父が亡くなったあと遺品を整理していたら納経帳が出て来てそれを見るとまだお参りしていない寺があり自分が引き継いでお参りをしていますという場合もあります。

このような人は本当に心からの慈悲と愛の思いでお参りをされているので、一人で何冊かの納経帳をご持参されているからといって、ただの朱印集めの人と一緒にしてはなりません。ただそのような人を拝見していて残念に思うことがあります。それは折角の尊い心が百パーセント活かされていないお参りの仕方をしているのをよく見かけるからです。

ここで代参について本来の意味をお話ししますと、代参とはその言葉のとおりに特定の人になり代ってお参りすることです。すなわちあたかもその人がお参りしているようにして各霊場をお参りすることを意味します。ですから各お寺に行くと、お賽銭も灯明もお線香もそして鰐口を鳴らすことも、それぞれ代参する人の人数分だけのお作法をしてお参りをします。このようにしてお参りするのが本来の代参です。

もちろん誰かに贈呈するための納経帳などを複数持参して、御仏の前でそれぞれの人達に御仏のご加護がありますようにと祈るのも大変尊いのですが、しかしながら折角そこまで他の人のことを思うのであれば、右に示したようなお作法を以て本当の代参をしてあげましょう。そうするともっと功徳が深まります。

代参をしている方の中には家族のことを思って本当に切実な思いで代参をされている方もありましょう。

このように愛する人のために心を込めて代参している人が、お家に戻られたとき、「今日は何処どこのお寺にお参りをして貴方に御仏のご加護がありますようにと祈って貴方の命の灯明をお供えしてきました、貴方に成り代わって金を鳴らしてお祈りをしてきましたよ」と言ってあげたらどうでしょうか。それを聞いた人は心が熱くなると思います。

また代参は先にも言いましたように、現世で生きている人のためだけでなく亡くなられた人のためにする場合もあります。

たとえば亡き肉親の遺品の納経帳などを引き継いでお参りしている場合です。その場合は亡き人がお参りできなかったお寺に行き、自分の分とは別に、亡き人に成り代わってお灯明、お線香をお供えしてあげましょう。その心の波動はきっと霊界におられる亡き人にも通じることと存じます。是非そうして上げて下さい。

このように自分のためだけでなく、第三者のことを思って参拝する人の心って素晴らしいと思われませんか。きっと御仏も愛でて下さるのではないでしょうか。

ただしある霊場のお寺では代参を全く認めないという所があるのも事実です。その考え方は本来代参とはその人の代わりにお参りするのだから自分のお参りのついでに代参するのはついで代参であって本当の代参ではないとのこと。たしかに厳密に言えばそうなのでしょうが、そこまで厳密にしなくてもと思いますが……。

なお、念のため申し上げておきますのは、このような尊い代参ではなくていつも一緒に廻っている仲間が今日は都合が悪いので、貴方ちょっと一緒に朱印をもらってきてなどと頼まれて納経帳を預かり、右に示したような代参の作法をまったくせずに宝印だけを頂くのは御仏に対してたいへん失礼です。スタンプラリー的にお寺に来るのはあまりいただけませんが、それでもまだその人はお寺に足を運んでいます。

しかし、このようにして預けた人はお寺に来てもいないのに印を頂こうとしている訳ですから、頼んだ人も頼まれた人も共に神仏に対しての礼に欠ける行為であり、神仏の世界からのご加護を受けることはないでしょう。

ここで代参に関連して当方の特殊性から希に起こることをお話ししますので参考にして下さい。それは当方の寺が西国三十三所の番外霊場であるということに起因します。それはいろんな旅行業者が巡礼ツアーを企画していますが、中には三十三所だけしかお参りしないツアーもあるようなのです。そのようなツアーに参加したある関東地方に在住の方からの問い合わせでありました。それは自分の持っている帳面に当方の宝印がもらえなかったのでその帳面を送りますから宝印を押して返送して頂けますかという問い合わせでした。

しかし、この宝印はお参りをしてこそ意味があるので、そのようなことはしていません。「遠方からお参りに来るのが難しいようでしたら誰かに代参をお頼みして下さい」と申し上げました。すると、「わざわざ関東地方から自分のために代参をしてくれるような人はおりません、なんとかなりませんか」ということでしたので、次のようなことを続けてお伝えしました。

「そのような方への救済処置として当方が貴方に代わって代参をすることもできます」

「それをするためにはまず貴方が参拝したら納めなければならないお賽銭、献灯料、献香料、そして納経料を添えて奉納して下さい。その奉納を受けますと当方の僧侶が貴方に成り代わって灯明を捧げ、線香を捧げ、お賽銭を入れて鰐口を鳴らして代参のお参りをして差し上げます」

「そして本来参拝に来られる場合は交通費や宿泊代などがかかるわけですが、そのような負担もなく代参をして頂ける。しかも一般の人ではなくその寺の僧侶の人が貴方になり代わって代参をして頂けることへの心からの感謝のお布施を添えて奉納して下さい」

「また僧侶の方に自分の代わりに祈って頂くのですから、もし自分がこのお寺にお参りしたら祈るところの祈りも具体的に書いてそれらのお布施と一緒にお送り下さい」

これらを申し上げると非常に喜ばれまして、感謝のお布施と共に必要な奉納料を添えて巡礼用品を送ってこられて、代参後に返送しますとまたお礼のお手紙が届きました。

またこの方とは別に同じような要件で問合せもなく番外霊場には行くことができなかったので、巡礼用品と納経料、そして返信用の送料をつけて直接送ってくる人もいますが、このような人には先の意味を書いた代参趣意書をつけて送り返しています。

そのときその趣意書を読んで感謝して再度送ってくる方もあれば、そのまま二度と送ってこない人もいます。

おそらく後者の人はただの朱印集めの感覚しかないのでしょう。でもお参りしたいけれど身体が不自由でお参りができず、また代参を頼むような人もいなくて心から残念に思っていたような人からすると本当に救いの福音になったようです。ある人においては代参について目から鱗がおちたような思いですという感謝の手紙を頂戴しました。なおこの代参作法は当方独自がしていることで他の寺院がこのように対応してくださるかはわかりませんのでご理解のほどよろしくお願いします。

なおいま代参に関連してお作法について縷々述べていますが、お作法について皆様には難しく考えて頂く必要はありません。

神仏に対しての接し方は、私達を育てて下さった両親に対して感謝と愛の思いを持っているように、神仏に対しても愛を持って接したらいいのです。父や母に感謝して愛しているように愛おしく思えば無礼な所作などはできなくなり、お作法などをいちいち言う必要がなくなってまいります。

お寺にお参りしたときの御仏に対する求め方をたとえるならば、戦争などで長い間、離ればなれになっていた親子が久方ぶりに再会した時のように御仏の懐に飛び込むような心で御仏に接したらいいのです。そのような心で御仏の前に進むとき、御仏の前を素通りして納経所へ印をもらいに行ったりしません。また本堂という御仏の前に立ってまず写真撮影をしてから参拝したりしません。何をさておいても御仏の懐に飛び込むのが久しぶりに出会う子供の姿です。

中には「私達はいかにも信仰者です」という態度で納経所にきて、「私達はお参りに長い時間をかけて読経しますので、先に印をもらってから落ち着いてゆっくりとお参りしますから先に納経所へ来ました」と言う人がいます。

一見信仰者らしいような感じがしますが、そこには何か傲慢さを感じます。本来の経文とは仏様から教え頂いたものを文章化したものですから、仏様に長いお経を聞いて頂いて何になるのでしょうか。仏様の立場に立って言えば、私の前で長くお経をとなえなくてもいいから本当に救われたいと思うのなら、そのお経の中身をよく理解して私が説く仏道をいますぐ日々の生活に実践しなさいと言われるのではないでしょうか。

またお経には御仏を讃える経文もありますが、これも仏様からするとべつに貴方たちから私を讃えてもらわなくてもいいから、私が一番願うことは私の教えを貴方たちが日々実践することである。貴方たちが日々仏道を実践しているとき私は常に貴方たちの側にいて貴方たちを助けるであろう。これが御仏の心ではないでしょうか。

それゆえこのような人達のように難しい長いお経は知らなくても、先に示したように、長い間離ればなれになっていた親子が駆けより飛びついて抱きつくような心で御仏に向かう人と比べたら、どちらが御仏と繋がるかの答えは明白なのではないでしょうか。

いま代参の仕方を通じて御仏に対するお作法的なことを話していますが、注意点としてはお作法にとらわれすぎて御仏をあまり遠い存在にしてしまわないことです。父母を尊敬して父母を愛しているように、御仏を尊敬して、愛し、愛おしく思ってお参りしてください。

そして御仏から頂く慈悲の量は参詣する人の御仏を愛する心の器に比例します。その器が大きくて深ければそれだけ慈悲の水は一杯入りますし、また逆にその器が小さければ小さい分量だけしか入らないことを知りましょう。

西国巡礼と四国遍路について

巡礼と遍路の違いを皆様にはもうご存じのことかと思いますが、私の思うところを述べさせて頂きます。

まず西国三十三所観音霊場はその西国三十三所札所会という名称が示すように、西国三十三の次に〝カ所〟をつけません。もちろんつけても良いのですが札所会が付けていませんからそれが正式名称です。

少し余談になりますが、西国三十三所の各霊場の番号については昔と今とでは番号が変わっているお寺があることを皆様はご存じでしょうか。中山寺が一番であった時もあります。また長谷寺が一番であった時もあります。現在の番号順はこの霊場を再興された花山法皇が廻られた順番となっているのです。ですから巡礼は特に番号にとらわれることなく何処のお寺からお参りしてもいいのです。その意味で古来、番外になっている花山院から

多くの人達が巡礼を始めているのは先にお話ししたとおりです。

この巡礼の歴史をひもとくと殊に江戸時代のある時期に非常に盛んに行われていたようです。やはり戦国時代も終わり世の中が平和でないと巡礼もできないですからね。

さてその当時の納め札の中には奉納西国三十三所順拝と奉納西国三十三所巡拝という二つの書式が見られます。これは厳密に順番通りにお参りする人とそうではなく巡礼する人と区別していたことがうかがえます。

では次に四国遍路について、遍路はをくと書きます。そして霊場名においては、西国三十三所とは違い四国八十八カ所と必ず〃カ所〃という言葉をつけます。〃カ所〃を略さずに書くと箇所ですが、この意味を辞書で引くと「問題になっているその場所。特定された、土地、物体などの小部分、また数を表す漢語の後に付いて場所の数を表す」とされています。

その意味からすると、四国八十八カ所の特定の箇所とは何処を指すのでしょうか。それは四国霊場の札所の立っている場所だけを指すのではありません。それは弘法大師様がお通りになられた場所の全てを指します。このお大師様がお通りになられた跡を遍く辿ることを遍路と言います。それゆえお大師様が歩まれた所を外れたら、もうそこは特定の箇所ではありませんから、遍路とは言えなくなります。遍路の意味を厳正厳格に実行するとなると、お大師様が修行された路のすべてを歩み切らなければ遍路にならないことになります。ただ現実的にはそれは無理なことです。例を挙げれば四国第七十三番出釈迦寺の捨身ヶ嶽に登り、お大師様が幼少の頃お飛びになられた岩場そのものに行くなどは不可能です(岩場の近くまでなら行くことはできます)。しかし無理とはいえ、お遍路という本来の意味をしっかりと心に留めてお参りをするのならできる限りお大師様の足跡をたどる心構えでお遍路をして頂きたいと思います。それゆえ八十八の札所だけでなく番外札所や、また札所になっていなくとも、お大師様ゆかりの場所をお参りして頂きたいものです。

ただ、団体ツアー遍路などに参加されている場合は予定コース以外の所を巡るのは無理なので、たとえば私が団体を引率して四国遍路をする場合は参加者に必ず次のように言うようにしています。

「私達のような団体遍路では、その大部分をバスで走ってしまいます。そしてバスを降りても、今は遍路道がきれいに整備されて、お大師様が歩かれた所とは違う所を歩きます。しかしお寺近くにくると昔ながらの路が残っている所があります。そのときに皆さんが歩む道は、いまから一千二百年以上の昔、あのお大師様が歩まれていた道です。そして皆さんが踏む岩はお大師様が踏まれた岩です。その道をその岩を一千二百年後に生命ある私たちが踏んでお参りをします。お遍路中は同行二人と言ってお大師様もご一緒にお参りをして下さいます。そのお大師様を感じながら、昔のお大師様と一緒の思いになってその道を歩んで下さい。そのような思いでお参りしてこそ皆様は本当の意味で遍路者ですよ」

その昔、お大師様の時代は草鞋を履いてのご修行でしたから、その両足からは大地の感覚がそのまま感じられたと思います。今の私たちは靴を履いて巡礼しますからその足を通して直に大自然を感じることは難しいです。昨今草鞋ウォークなどが各地で催され、また遍路や巡礼でも草鞋を履いて参拝をしている人がいますが、皆様も機会があればそのような履き物で大自然を直に感じながらお遍路されてもいいと思います。

実は私も過去、個人で四国遍路をしていたとき、昔の路が残っているところでは靴を脱ぎ裸足になって、じっくりとその足から伝わってくる感覚を味わいながら歩きました。いま私が踏んでいる道、その道から伝わってくる大地の感覚。この感覚と同じ感覚を今から一千二百年前にお大師様も感じられていたのだと言いながら、今から思えばお大師様の感覚を推し量ること自体が失礼だったと思います。

法身大日如来と一体の意識になられたお大師様です。ということはお大師様にとって大自然というものは我が身と同じです。そのような悟りのお大師様の御心を推し量るなんてことはなんと傲慢なことであったかと思います。

先のお作法の所で御仏をあまり遠くの存在とせずに身近な存在として愛しなさいと言いましたが、畏敬の思いをもつことも大切と思います。私達が白衣姿になり菅笠をかぶり金剛杖をもって四国霊場をお遍路している間は同行二人です。お大師様が一緒になってお遍路をして下さるとされています。それに対して「お大師様有り難うございます。お大師様有り難うございます」と心からの感動を持ってお参りしましょう。

よく四国遍路ではお接待ということがなされます。それは遍路者自身に対してだけでなく、そのお遍路と一緒になってお参り下さっているお大師様に対してお布施をしているのです。ですから昔の遍路道に並ぶ民家ではお接待をするためにお遍路さんを泊めていました。中にはお遍路さんの奪い合いをしたとの記録も残っています。

なぜそのようなことまでしたのかというと、お遍路さんを自分の家に招き入れることは同行二人のお大師様を招き入れることになるからです。ですからお四国をお遍路して接待を受けたときは、その人がなぜ自分に接待してくれているのかをしっかりと認識しなくてはなりません。そこにはお接待をすることで布施の功徳を積むという意味もありますが、お接待をしている人は貴方だけでなく、貴方の側におわしますお大師様をお接待しているのです。ですからお接待を受けたときは誰のお蔭でお接待を受けることができているのかをしっかりと認識しましょう。遍路中はお大師様が一緒にいて下さるからこそ、そのお蔭で私のような者にも親切にお接待して下さるのだと謙虚に感謝をしなければいけません。

なおこの四国遍路で昨今少しわからないことがあります。それは閏年に逆番に遍路したらお蔭が何倍にもなるという信仰です。そもそもお遍路も巡礼もその出発点はお蔭もらいの御利益信仰ではありません。そのようなツアー企画でお遍路を募集している業者のツアーに参加されるのもその人の自由ですが、大変混雑していてゆっくりとお参りできないと聞きます。普通の遍路ならあるお寺が混雑していたら他の番号の寺に先に行くなどの調整ができるのですが、逆番遍路の場合はともかく番号を順に逆回りすることが求められますから、先に他の寺院に行くというような調整ができませんのでどうしても大混雑するのです。

そのようなお遍路で本当にお遍路の心を摑むことができるのでしょうか。どうかできるなら個人でお遍路をして丁寧に道を歩み、岩を踏んで先に示したような思いでゆっくりとお遍路をして頂きたいと思います。

お遍路も巡礼もその道中に意味あり

昔の巡礼は歩いて巡礼しますから西国三十三所の場合では、たとえば関西に住んでいる方なら順調にお参りができて約二ヶ月半かかります。その期間中に各お寺のご本尊の御前でお祈りしている時間はどれくらいでしょうか。時間配分としては数パーセントぐらいで残りの大部分の時間はお寺からお寺に行く時間に費やされています。この巡礼中の大部分を占める時間をただお寺からお寺に行くためだけの時間として使い果たすだけでいいのでしょうか。

私はこのお寺からお寺に行く道中にこそ、巡礼の意味というか醍醐味があると感じています。現代は都会化が進み、各地で開発が行われて大自然の占める面積が少なくなっていますが、昔は本当に大自然の中を歩いて巡礼をしていた訳です。人は誰でもそうだと思いますが、大自然の中に身を置いたとき、心に何ともいえぬ感動を感じるのではないでしょ

うか。

我らの宗祖弘法大師は「経本とは、天と地とあらゆる万象の動きから、真理、道理を見つけ出してそれを文字にしたものである。経本に表された真理は大宇宙大自然界の真理そのものである。大宇宙大自然界とは人間にとっての大事な教えが一杯つまっている経本そのものである」と言っておられます。

さらにまた、「大宇宙大自然の中に心を静めてみよ。そのとき生きた真理が脈々として我が心に伝わってくる」と言っておられます。すなわち大自然こそ人生の教科書であると言っておられる訳です。そしてこの大自然を存在たらしめている偉大な存在が法身大日如来です。

この法身大日如来とは文字が示しますように、そのお身体は法なのです。大宇宙の法則です。銀河系や太陽系の天体が秩序正しく動いているのは一つの法の下に動いています。その法が大日如来の生命ということになります。

万生万物の創造主としての存在ですから、ある意味イエス様もモーゼ様もお釈迦様もその他の天使や諸如来諸菩薩様達も更には日本の神々すなわち伊勢神宮の天照大神から各地の氏神様なども、この法身から生まれ出た存在ということになります。

今後私はこの法身大日如来を創造の神という意味で〝神〟と表現します。日本神道の神々やキリスト教の神と一緒にしないようにお願いします。そして人格神として神という言葉を使うときはその旨を伝えた上でお話をしますのでよろしくお願いします。

しかしながら、この創造主としての神は余りにも偉大ゆえに正しくイメージすることは困難です。その意味で神ということを示す言葉にサムシング・グレートという言葉がありますが、この言葉は上手く表現されたなと思います。この言葉を使ったのは日本の分子生物学者である村上和雄氏です。

ただ彼は後に自著で、あれは自分が信仰する天理教の親神様を指して言ったと発表されていますので、こうなるとまた固有の一つのイメージができて本来の神とはまた違ってくるのですが、ともかくこの偉大なる存在を表現するに当たり、私には想像すらできない偉大なる存在が神であるという謙虚な表現はたいへんいい表現だと思います。神のことをわかりもしないのに、軽々と神という言葉を使って私は神を信じますと言ってみたり、貴方は神を信じますかと他人様に聞いている人がいますが、これらの人がイメージしている神は神ではないと言っても過言ではないでしょう。

さてその神によって創造されて、その意識があるがままに表現されているのが大自然です。その中を歩く時は、それと一体となる意識をもって歩きましょう。その一つの方法として普段は特に意識せずに行っている呼吸というものに意識を向けて歩きます。まず自分の吐く息、吸う息に意識を向けて自然の空気が自分の体を出入りすることを感じます。その空気にはその山の樹々の香りなどが含まれているでしょう。それが自分の肺のなかに入ってくることを、また出ていくことを意識します。そしてその空気から酸素をもらった血液が心臓の鼓動を通して体全体に行き渡ることを意識します。これらは普段まったく意識せずに過ごしていますが、心を落ち着けてこのようなことに意識をしながら自然の中を歩いていると、自分も大自然の動植物と同じく自然と共に生きていることを感じます。

これを言うと、そんなことはわかっているという人がいますが、それについては頭でそう理解しているというレベルと、魂に実感として感じているレベルとでは大きな違いがあります。実際にその感覚を実感したときは自分が大自然と一体であり、ひいてはその大自然を存在たらしめている偉大な摂理、偉大なる存在と共に生きているという感覚になり感動と感謝の心が湧いて参ります。この感動と感謝の状態へと自らを導くことが大切であり、そのような体験を味わえるのが巡礼の醍醐味と考えています。

もちろん、この感覚や感動のレベルは仏陀のレベルから普通人まで、まさにピンからキりまでありますが、たとえどのレベルでもいいですから、そのような感動を皆様も味わって頂きたいと思います。たしかに現代の巡礼では自然の中を歩ける場所が少なくなっているのは事実ですが、でもお寺は自然の中に建っている所が多くあります。それゆえお寺に行けば、ただそこでお願いだけをするのではなく右に述べたような行為もなされてみてはいかがでしょうか。

ともかく巡礼は道中が大切です。このような感謝の心で巡礼している人を観音様は見通しておられます。前にも言いましたが、健康や経済的な余裕、時間的な余裕、家族の理解、そしてまた何よりも地震や戦争などが無く社会が安定していること、さらには一緒に巡礼できる人があればそういう存在と共に巡礼できている幸せなど、これらに感謝の心を持って巡礼しましょう。

たとえばその人が自家用車で巡礼しているなら、いまこのように恵まれてハンドルを握っていることの幸せ。また団体ツアーで参加している方なら、いまこのようにバスのシートに身を委ねてツアーに参加できていることの幸せ。そのような幸せ感を抱きながら同乗者といろいろな話をしたり景色を眺めたりしながら巡礼しましょう。そのような道中の貴方を観音様は見通されていることを知らなくてはなりません。

巡礼は道中が重要な要素なのです。たとえば一日に多くのお寺をお参りしようと計画して制限速度を超えるような車の運転をして、お寺に着いて観音様の御前に立っても道路交通法規も守れない貴方のことはお見通しですよということです。そのような心で御仏にお祈りをしても通じることはないでしょう。

ここで当方に徒歩でお参りに来られたある女性との会話を紹介します。その女性は少し年配であったということもあり、足が少し弱っていらっしゃいました。ですから当方の坂道を登るにも普通人よりも多くの時間をかけてのぼって来られたのです。そのときご自身の足が弱いことを嘆いておられましたのでこう言いました。

「そんなに嘆かなくていいですよ、貴方は他の人の倍以上の時間をかけてこの坂道を登って来られました。多くの人は車で参拝されていますのでこの坂道を二、三分くらいで通り抜けてしまわれます。実を言いますと大自然は神仏の意識の当体です。その意識から『気』を受けるには人工物に覆われた大都会ではなく大自然の中を歩くのが一番なのです。車で参拝されている人は短い時間で通り過ぎてしまうのでその気を十分に頂くことができないのです。しかし貴方は人の何倍もかけてこの坂道を登って来られました。その分お山の気に浴した時間が長いのです。なおこの神仏の意識から気を受けるのは肉体だけではなく貴方自身の意識と魂も受け取ります。私達はやがて肉体を脱いで魂は意識の世界に戻ります。その意味で自分の意識と魂が如何に神仏の気を吸収できたかが重要です。そういう考え方によると足が弱くて良かったですね」

すると、その女性の顔がほころびました。

多くの人は当方の坂道を登る時に山上のお寺に着くことを目的として歩かれます。その場合どうしても頑張りますので、オーバーワークになります。そうすると息も荒れて気を吸収するどころの話ではなくなります。そうではなくて、いま一歩一歩、歩いているその瞬間が有り難いと感謝をして気を吸収しながら山道を歩いた結果、ああお寺にいつのまにか着いちゃった、というような感覚で歩かれることをお勧めします。

私との会話の中でその女性のほころんだお顔を見て感じたのは、この女性は巡礼の真意を知りその醍醐味の一端を味わったことへの喜びでそのお顔がほころんだ訳ですから、ある意味巡礼を成就したといっても過言ではないでしょう。では次に同じくこの坂道を歩くことから見えてくる真理のお話をします。

巡礼も人生もその主人公は自分

さてここでまたある一人の老婦人との会話を紹介します。その女性は、当方の坂道を定期的に徒歩で登ってこられている方です。

ある時その方に「貴女はいつも歩いてお参りに来ておられますが、えらいですね」と言うと、その女性が「そんなに褒めてもらうほどのものではありません」と言われたので、そのお年を聞くともうすぐ八十歳とのこと。

そこで「でもこの坂道を歩いて登って来た人の多くが、きつい坂道やったとか、しんどかったと言って登って来られますが、失礼ながらそのお歳で平然として登って来ておられるので感嘆しています」と言いますと、その女性曰く「それはね、その人がそのような歩き方をしておられる訳で、私なんか自分の健康のためにここだけをお参りするつもりで来ているのですから、帰りのバスの時間を気にすることもありませんし、私のような気楽な

者と巡礼をされている方と一緒にされたら巡礼をされている方に申し訳ないです」という言葉が返ってきました。

聞いてみれば、この女性は自分のペースでゆっくりと歩き、丁石地蔵がある所では一つひとつお参りをして、そしてまた、疲れてくれば休みながらゆっくりと登ってきておられました。なるほどそれでは息も荒れるはずがありません。

この会話をしてから自分が若い頃にしていた巡礼や遍路を思い出してこの老婆の言葉に納得すると共に、反省をしました。今のように気を頂きながらゆっくりとお参りをするというお参りの仕方ではありません。

その当時の自分がどのようなお参りの仕方をしていたかと言いますと、まずどうしても一日に何カ所のお寺を巡るかを計画します。そしてその計画に合わせてお参りをしようとしますから、到底この女性のようなお参りの仕方はできませんでした。すなわちそのようなお参りの仕方をしているのはあくまでも自分の都合ですよね。もしこの女性のように時間を取ることができたら、疲れるような歩き方をしなくてもいい訳です。

自分の意志でその坂道を疲れるような歩き方をしておきながら、「ああこの坂道はきつかった」などと言うのは、いま振り返ればなんて感謝なき言い方であったのかと恥ずかしく思います。今ではそのような坂道を登れば「いい汗をかかせて頂きました。感謝しています」という表現になります。昔のように自分がしんどかったのはこの坂道のせいだ、というような言い方はいたしません。そのように歩けている自分が嬉しくて感謝です。

いま感謝に焦点をあてて話をしていますが感謝ができないのは、先の話のように己の勝手な自負心や傲慢な心に原因があります。このような感謝を阻害する原因を取り除かないと感謝はできません。ここでまた恥ずかしながら私の失敗例をお話しすることで一つの参考にして頂ければ幸いです（なおこれからお話しすることは誰でもついしてしまうことではないかと思います）。

それは私が高野山大学に在学中のことです。当時、夏休みを利用して一人で四国八十八カ所を遍路していました。お蔭さまで車を持たせてもらっていましたので徒歩遍路ではありませんでした。それでも当時、焼山寺、鶴林寺、太龍寺、金剛頂寺、神峯寺、横峰寺、雲辺寺など歩いて登った時のことを懐かしく思い出されます。

その中である札所に向かっていた時のことです。時間が遅くなってしまいまして、当時は携帯電話もありませんから公衆電話を何とか見つけ出してそのお寺に電話をしました。「私は高野山大学在学中の者でいま夏休みを利用してお遍路をしています。今日は実家の兵庫県三田市から来ています。ご本尊にはしっかりとお参りを致しますので、少し時間が遅れそうなのですがお待ち頂けないでしょうか」

私はこう言ったのです。

これを読まれて何か問題があるのですか、という感覚を持たれる方もあると思いますが、今の自分からこの当時を思い出すと恥ずかしい限りです。この言葉の裏に働いている自分の心を点検してみると、①真言宗の僧侶となる高野山大学の学生を名乗ることで便宜を願う、②わざわざ兵庫県三田市から来ていると告げることで、それだけ遠い所から来ているのだからと便宜を願う、③ご本尊にはしっかりとお参りをしますと言うことで、自分はスタンプラリーのような遍路をしているのではなく、真剣に修行者として参っている者だという自負心。この三つの思いを相手のお寺様に対して投げかけていたのです。

今の自分なら恥ずかしくてこのようなことは言えません。なぜなら、お遍路ができている自分が有難くて感謝一杯の中でお参りをしていますから、時間内に到着できてもできなくても幸せに変わりないのです。もしいまあえて遅くなってお願いの電話を入れるなら（もうそのようなことはしませんが）、「ただ一心にお遍路をしている者ですが」という表現になるでしょう。その時には自分の身分を言う必要もなく、どこから来ていると言う必要もない。わざわざ何処から来たかを言うのは、「わざわざ遠い所からこのお寺にようこそいらっしゃいました」というような旅館の人がお客に言うような言葉でも期待していたのか、当時の心を振り返ると本当に恥ずかしい限りです。

巡礼者はお寺やご本尊のお客様ではありません。そのように遠い所からお参りができているということは、逆にみれば他の人がなかなかできないことができている分、自分はどれだけ幸せで、どれだけ多くのお蔭をうけている者であるかということなのです。

でも若いときにはなかなかそのような謙虚な心にはなれませんでした。そして極めつけは最後に言った言葉です。遍路者として当然のことであるご本尊にはしっかりとお参りをします、なんてわざわざ言う必要はなかったのです。

たしかに当方でも閉門時間ギリギリに来る人は、ご宝印とはご本尊にお参りをしてから頂くものであるという基本的なルールなどはそっちのけで、ご本尊を無視して納経所へと走って来られます。そのような人は神仏に対して本当に非礼な人達なのですが、自分はそのような人とは違い純粋な遍路者であると自負している心、実はそれ自体がもう傲慢だったのです。いま先達とか何回も遍路をしている人達には私と同じ罠にはまらないようにと願います。すなわちその罠とは「私は～である」というプライドがいつの間にかすり替わる傲慢な「自我」意識です。

「私は、私は」という自我意識を強くもっている限り感謝はなかなかできません。この感謝を阻害する自我意識は機会あるごとに出て来ますから注意して常に点検する必要があります。本当に当時のことを思い出すと恥ずかしいかぎりです。いままでは巡礼や遍路に出る度に、それができること自体がすでに御仏から多くのお蔭を受けていることを感じながらお参りをしています。

いま私の失敗談の話をしていますが、坂道を急いで登るのも、閉門時間間近にそのお寺に行くのも全て自分の都合のことなのです。閉門間際に来るような人は時間がないからという言葉を使ってお参りをせずに集印のために走ってきますが、時間は全ての人に平等です。そのようなお参りの仕方をしているのはその人自身の時間の使い方です。御仏にお参りをしないのを時間の所為にしてはいけません。

主人公は自分です。人生もしかりです。自分の今の状態の理由を他の所為にしても意味がありません。そのような生き方をしてきたのも、そのようなご縁という仕組みの中で生きてきたのもすべて主人公は自分です。

巡礼中に天国に還っている
ご先祖様の立場になってみる

先の笈摺の所で巡礼中に死に装束を着て参ると言うことは、ひと度巡礼に出るともうその世界は現世ではなく御仏がおわします黄泉の世界に足を踏み入れたのであって、今度現世に戻ってくるときは、新たに生まれ変わって帰ってくるのだという意味での死に装束だと申し上げました。

すなわち、巡礼している間は黄泉の国に足を踏み入れたということは、ご先祖様達がおられる世界に足を踏み入れた思いでお参りをしているということになります。その状態で愛する家族に心を向けたら、それはまさに天上界のご先祖様の目と同じことになります。そうすれば先祖供養にとって一番大切な要素は何かがわかってくるのではないでしょうか。まず何と言っても家族の幸せでしょう。そのような姿をお見せすることが一番大事。

家族同士が仲悪かったりしていて、いくら先祖供養をしていてもそれは形だけのもので真の先祖供養にはなりません。

もちろん先祖供養はご先祖様が霊界で安らかにお過ごし下さることを祈るという要素がありますが、天上界に戻られているご先祖様からすれば、私達のことはいいから貴方たちの幸せのことを考えなさいになると思います。そして今巡礼している貴方が肉親や家族から感謝されると胸が熱くなるように、感謝の思いをご先祖様に送るというのはご先祖様の心を熱くする大切な行為と思います。

ここでふと思うことがあります。ご先祖さまの中でもし霊界で迷って苦しんでいる霊がおられると仮定して、観音様どうかそのような霊がおられましたら、お救い下さいと祈ったとします。なお観音様のような菩薩界以上の方々の御心は慈悲と愛そのものです。観音様が観自在菩薩とも呼ばれる所以は過去現在未来の三世はもちろんのことすべてを自在に見通せる境地になられているがゆえ、そのように呼ばれています。

ですから観音様からすれば各々の霊がどのような世界に住んでいるかは全てお見通しであるはずです。そのような観音様に対して先のような祈りを捧げたとき、観音様側からすると「貴方たちから特に頼まれようと頼まれなくとも常に迷っている者達を救っています。

わざわざ頼んでもらわなくてもいいです」と言われたらどうしましょう。もしそのように言われたら観音様にお頼みするのが失礼になるような気になります。

ということで霊界に住んでいるご先祖様がどのような世界に住んでいるか否かは問題とせず、霊界のことはもう観音様を始め諸如来諸菩薩の皆様にお任せして、私達ができることはご先祖様に対してただ感謝の思いを送ること。それが一番大切です。普通一般の方にとって先祖供養は感謝で始まり感謝で終わると思って頂いたら結構でしょう。なお、霊界における救済については霊界としての法則があるようですので、この点については後ほど六道の説明の所で話をしたいと思います。

ではここで先祖供養や個人の霊の供養において、普通一般的行われている形式に触れながら話をしたいと思います。まず先祖供養としては各家に仏壇を設けてそこにお位牌を祀って供養します。またお墓を建立して亡き人の遺骨を埋葬して供養をします。

この仏壇とお位牌のことに関係して次のような言葉を聞いたことがあります。「私は次男なので仏壇がありません。ご先祖様の供養は実家の長男が家に仏壇を設けてお位牌などはすべてそこで祀られています」という言葉です。

そのような方にいつも「では貴方がご先祖様に日々の感謝の祈りを捧げるにはどうして

おられるのですか」と聞くと、「心では思っていますが具体的な祈りとなるとお寺にお参りしたときとか実家に戻った時にしています」とのことでした。「ではご家庭で毎日の感謝の祈りはどうしているのですか」と聞きますと少し口ごもりながら、「でも私の家の方でも仏壇を祀ってご先祖様のお祈りをしたら長男の家でも祀られているので、あちらで祀られこちらでも祀られということになり、ご先祖様が迷われるのではないでしょうか」という言葉が返って参りました。

どうやらこの方は仏壇とはご先祖様の住居と思っておられるようなのです。同じようなことで実際に相談を受けた事例の話をしますので、皆様も考えてみて下さい。

ある女性からこんな相談をうけました。

「私は二人の姉妹の姉の方なのですが、妹も他家に嫁いでいます。実は父はもうすでに亡くなっていて母がご先祖様の位牌と共に父の位牌をお祀りしていました。その母がこの度亡くなり実家の家も売却して仏壇も整理したいと思っています。ついては両親の位牌だけでも姉である私が引き取ってお祀りしようと思うのですが、実家は真言宗で嫁ぎ先は浄土真宗で宗派が違います。主人は我が家の仏壇にお祀りしたらいいよと言ってくれてはいるのですが姑からは他の家の霊をしかも宗派が違うものを同じ仏壇には入れられないと言われ、そこで花山院が真言宗であることを聞いてここで祀ってもらえないか」

そこで「当方でお祀りできないことはないですが、今から私が話をすることをよく聞いて頂いた上でもう一度ご主人や姑さんとゆっくり話し合われたらどうでしょうか」と申し上げました。

まずこの女性と話をして気がついたのは、嫁ぎ先のお姑様の考えは、たとえ嫁の実家の方だとしても、当家のご先祖さまが住まわれている仏壇に他の家の霊が住み込みに来てもらうとちょっと困るというような考え方であることがわかりました。

仏壇に宗派の違う他家の人の位牌を入れることはできないというのは寂しくも哀れにも感じながらその女性に「まずお子様はいらっしゃいますか」と尋ねたのです。すると「男の子が二人います」とのこと、そこでこう申し上げました。

「その子達はその家の血を受け継ぐ子供達です。その子供達をこの地上に産んでくれたのはそのお嫁さんである貴方です。そのお嫁さんがいなければその子達はいないのですからお嫁さんに感謝をしなければなりませんよね。ではそのお嫁さんになってくれる人を産んでくれたのはその人のご両親です。その人に感謝をする心があればその人の位牌を入れることに何の問題があるのでしょうか。霊天上界は慈悲と愛の波動の世界です。仏壇は霊の住居ではないですが、もしそうであったとしても天上界に住んでいる霊人達なら、この度は私達の子孫がご縁を結んでくれて有り難うございます。お蔭さまで当家の家系も安泰です。さあこちらにどうぞこちらにお入り下さいと言われるでしょう。これが霊天上界的な考え方です」

ここで仏壇のお位牌やお墓の存在とはどういうものかという点について述べてみたいと思います。仏壇とかお墓というのはご先祖様に感謝の供養を送る窓口であって魂そのものの住むところではありません。このような誤解を多くの人々に与えているのがおそらく魂入れとか魂抜きという言葉ではないでしょうか。

ここで皆様には霊界の天上界に住んでいるご先祖様と同じ立場になってみて下さい。すなわち霊界に住んでいる自分をイメージするのです。その状態で自分の家を眺めてみましょう。そのとき貴方のお家の誰かがお坊さんを呼んできて、「貴方の魂をこのお位牌に入れます。またはお墓の石碑に入れます」と言ってお祈りをしていたらどうでしょうか。

特にお墓などに貴方の魂を入れると言ってお祈りをされたら、霊界に住んでいる貴方はきっとこう思うでしょう。

「どうして私があの墓石の中に入らないといけないのや、雨や雪は当たるし真夏には灼熱の太陽にジリジリと照らされるあの石の中に私の魂を入れるなんてヤメテくれ！　霊界に住んでいる私の魂はどこに住もうと私の自由であって地上にいる子孫達に自分の魂をあっちに入れたりこっちに入れたりされるいわれはない」

魂入れという言葉をそのままに理解するとこのような解釈になります。

この世で行われている魂入れとはある物体に霊界にいる先祖様の魂を入れるのではありません。お位牌とかお墓を通じてご先祖様に感謝と供養の思いを送る窓口として使いますのでよろしくお願いしますという意味です。

その仕組みについてここで一つのたとえで話をします。少し不適切かもしれませんが一番わかりやすいと思いますので、申し上げます。お位牌とかお墓さらにはお寺の仏像もそうですが、それは霊界に住んでおられるご先祖の霊達や仏様との通信窓口です。システム的には銀行にあるATM（現金自動預け払い機）のようなものです。つまりお位牌やお墓はその窓口を通じて感謝の供養や回向を送信したりご先祖様からの慈悲や愛を受け取るのです。位牌やお墓への魂入れというのはその言葉で誤解するのですが、お位牌やお墓と霊界におられるご先祖様とのオンラインシステムの構築が魂入れと考えて下さい。いくら機械があってもご先祖様との思いの絆がオンラインで繋がっていなければご回向は届きません。

仏壇を例にあげて説明してみましょう。まず次のようにイメージしてみて下さい。仏壇の前に座りますと仏壇から「ようこそ、ご用件の項目を選んで下さい」という画面が出る。そこで各種用件の中から先祖供養をしたいのか故人の供養をしたいのかを選ぶ。故人の供養を選択した場合、画面に出てくる歴代故人名簿の中から供養したい故人名を選びます。そして間違いがなければ確認のボタンを押す。そして仏壇の画面が「どうぞご回向を送信して下さい」という画面になると読経などのご回向を始めて故人への感謝報恩の思いを送信したらいいのです。また送信ではなくて銀行でいうところの現金引き出しに当たるものがご先祖様からのご加護を願う時です。

たとえば家族のだれかが大学受験をする上でご先祖様のご加護と応援をお願いしたいのなら、ご加護お引き出しのところを押してご加護をお願いしますと願いながら読経したらいいのです。このようなことをするのがお位牌やお墓です。ですから長男の所でご先祖様をお祀りしているという理由で仏壇等を置かないのはこの通信機械を置いていないことになります。

やはりご先祖様に対して感謝の供養や回向の心を送信する仏壇やお位牌は必要なのではないでしょうか。ですから兄弟がたとえ外国に住んでいようとそれぞれがこの送信機械を持っていたら、その全てがご先祖様と繋がっていますので、ご先祖様側からすると一括送信すればそれぞれの兄弟達に対して同時にご加護の篤い思いを送ることができるのです。これは観音様やその他の御仏に対しても同じことです。また宗派が違うお位牌は一緒に置けないという考え方に対して言うなら、同じＡＴＭでも銀行が違うものと考えたらいいのです。一つの家に二つの銀行のＡＴＭ、すなわち二つの種類のお位牌があっても何も問題はありません。なお僧侶の中には、霊界に住んでいる霊人達を実感したことがなく、今までの慣習に疑問ももたず、そのようにしてきているからそうするものだと思い込んでいる僧侶もいます。そのような僧侶ならば、他宗派の位牌が仏壇の中に置かれていたら注意するかもしれません。もし法事などでそのような僧侶が来たら、そのときだけ宗派の違う位牌を他に置いておいて、法事が済んだらまた元に戻せばいいのです。

要はご先祖様との関係は先祖供養する人の思いとご先祖様との思い、心と心の関係です。どうか皆様には形に囚われて真の心を見失わないようにと願います。そして究極的に目指すところはお墓や位牌などの窓口を使わなくても自分自身がその窓口になれば何時何処でもご先祖様に感謝や供養の回向を送ることができるような自分になることです。

以上のようなことを相談に来られた女性に話をしますと、ご本人も納得されて主人とよく相談して住職の言われるような方向で進めて行きたいと言って帰られました。

亡き人も霊界で生きている

先祖供養の話をしてきましたが、よく今の人達の中には、「あの世などない」と言い切る人がいます。そうであるなら法事なども不要になるのですが、こう言う人に言わせると法事も亡くなった人に対してではなく、いま生きている人達の心の安らぎのためにするものだそうです。

このように霊的存在を否定する人は、釈迦もイエスも弘法大師も観音様も日本神道系の神々も全てを否定することになります。このような思考の方は、この世が全てであり、この世から亡くなることは無になることであり、全くもって不幸なことであるとしています。

ここでお子様を亡くされた三人の女性の話を紹介しますので、参考にして下さい。この三人の女性も死後は全てが無になるとまで思っておられたかどうかはわかりませんが、ともかく死は不幸であると思っておられたようです。そして死んだ人が生きていた時と同じ

ような思いを持って生きているという実感は薄かったのではないかと感じます。さらにまたあの世でもし現存しているといっても、亡くなった年齢のままの生命で存在しているような感覚でした。

これらの方々との出会いは納経所で写経を奉納されたときが始まりでした。当方では写経奉納があった時には、その写経を供養する上で願主のお名前を正しく読んでお祈りをするべく、お名前の読み方を確認しています。そして特に戒名が書かれていたりすると、戒名は読み方が難しいので、しっかりと確認するようにしています。こうすることでご縁に出会うことができました。

まずは最初に紹介する方はお写経を奉納されて願いことの所に戒名と俗名が書かれていたので、聞いてみました。

私「この方はどなた様ですか」

女性「息子です」

私「この世ではいろんな悲しみがありますが逆縁の悲しみは特に辛いですね、しっかりとご供養させて頂きます」

私「ここに書かれているお子様に意識を向けてご供養をするときに、お子様がどのような理由で亡くなられたかも重要な要素となります。もし差し支えなければ病気や事故とかその理由と亡くなられた年齢を教えてもらえませんか、もちろん無理にとは言いません。あくまでもしよろしければの話です」

少しためらわれた後に、答えてくれました。

女性「実はこの子は十七歳で自殺したのです」

私「もしかしたら奥様はそのことでご自分を責めておられませんか」

女性「私にはこの子がそんなに悩み苦しんでいるとは、まったくわからなかったのです。ちょっと相談してくれたらいいのに、何も言ってくれませんでした。なぜ、なぜ、という思いと、それがわからなかった自分が悔しくて、悔しくてたまりません。親としてあの子を助けてあげることができなかったことを本当に後悔しています。いまこの子の供養のために巡礼をしながら、息子に対して『ごめんなさい、ごめんなさい』と謝りながらお参りをしています」

私「ご子息様は良い子でお母様に対しては優しい子であられましたか」

女性「はい、そのような子でした」

言いにくいことを話してくださったことに感謝しながら、さらに続けます。

私「貴女から見て息子さんがそんなに悩んでいることが何もわからなかったというのは、
　息子さんがそれを貴方に悟らせまいと一生懸命に頑張って努力をした結果であって、
　特に貴女が自分を責める必要はないと思いますよ」

親に知られたくないという気持ちの裏には、親にこのようなことで心配をかけたくないと言えば綺麗な表現ですが、その裏にはこんな惨めな自分を見られたくない、という思いもあったと思います。

そのような思いを抱いたまま、自殺をしたときのお子様の気持ちを察すると、お子様自身もこのようなことをするのは自己中心的でいけないことであるとわかっているはずです。

私「彼は母である貴女に対してはどのような思いで自殺されたと思いますか」
女性「さあ、わかりません。ともかくその時の辛さから逃れたかったのだと思います」
私「もちろんその辛さから逃げたかったというのはその通りでしょう。しかしながらお母
　さんに対しては心の中で『ゴメンナサイ』と言って旅立ったように感じます」

こう言いますと、そのときの女性の「えっ！」という顔が印象に残っています。

母親の心情としては「貴方を救えなくてゴメンナサイ許して下さい」と言いたくなるで

しょうが、きっと彼もお母さんに対してゴメンナサイと言っているような感じがしたのです。その心は霊界に旅立っても変わることはないでしょうし、その意味でお母さんが巡礼をしながら息子さんに対してゴメンナサイと言っているのなら、霊界の息子さんとお母さんとお互いが相手に対してゴメンナサイを言い合っている構図になってしまいます。

そこで、こう伝えました。

私「この三千大千世界で息子さんがいま、お母さんと呼べるのは貴女しかいないのですから、まずお母さんとして息子さんの魂を抱きしめてあげてからゴメンナサイと言いませんか。その抱きしめ方は『○○よ、自殺した貴方のことを世界中の人が非難してもお母さんである私は、貴方を許していますよ』と言って、それから『助けてあげられなくてゴメンナサイ』と言うようにしましょう」

私「一回ぐらい許しますと言ったぐらいでは、息子さんは信用しないと思います。だってお母さんの心の辛さ悲しみは霊界にいる息子さんはわかっていますので『お母さんは口では許すと言っているけど、きっと嘘だ！　これだけお母さんを悲しませる大変な事をしたのだから絶対に嘘だ』と言うでしょうから、何回も何回も繰り返し繰り返して心を込めて言うのですよ」

実は、心からの「許します」という思いで出された言葉は、神仏の受容（愛）の波動と共鳴して、その思いを出しているその人自身にも神仏の光が差し込み、相手だけでなくそれを言っている人も同時に癒されていくのです。

後日お手紙が届きました。

「あの世にいる息子に対する見方が変わりました。それまでは自分を責めてばかりしていましたが、私が、ゴメン、ゴメン、と息子に謝れば謝るほど、また私が辛く悲しい思いをすればするほど、逆に息子の心を針の筵に座らせていて、まるで心の傷口を広げるようなことになっていたことに気がつきました。そして住職さんが言われたように、息子が自殺したことなどを含めて、全てを許します、許しますと言い続けているうちに、何か自分の心が安らいでいることに気がつきました。何か前向きに生きて行けるような気がしています。また前向きに生きて行かないと、やっぱりお母さんは僕のしたことで悲しんでいるんだ、それだけ悲しんでいるのだから、口では許すと言ってはいるけれど本心では僕のことを許しているはずがないんだ、僕は悪いことをした子なのだと思わせ続けたら、息子が苦しみ続けるだけなので努めて前向きに生きるように努力しています」

こう書かれていました。

その後にまたお参りに来られた時、その女性は「いずれ私もあの世に行って息子に出会うでしょう。その時にはよくもまあ私に隠しとおして最後には自殺という身勝手なことをしてくれたわね、お蔭でどれだけ苦しんだと思っているの、このバカ！って、抱きしめられるものならギューと抱きしめながら言ってやります」と言っておられました。

この言葉を聞いて何か胸が熱くなりました。やがて息子さんがお母さんと霊界で再会した時には心からのゴメンナサイという思いで母の魂に抱かれることでしょう。そして熱い涙と共に自らの魂を癒していくことでしょう。いやもう霊界から今の母の言葉を聞かれて魂からの涙を流されているように感じました。弘法大師様は「ただ嘆き悲しむのは亡き人のためにならず」と言われましたが、このお言葉が、まさに心に染みる出会いでした。この話は天災や事故などで肉親を亡くされた多くの方にとって、残された者の心の持ち方として参考になる一つの事例ではないかと感じる次第です。

なお、ここで話した事例はあくまで当該者固有の事例であって、若くして自殺する人がすべてこのような感覚で自殺するとは限りません。ノイローゼでそのような感情も動かず自殺する人もあるでしょうし、また自殺するような人は何かに憑依されているケースもあります。その憑依しているものに操られて自殺する人もあります。

ここで言えることは、ノイローゼの人も憑依している人もその本性は神仏の子であり、その心の根源部分にはしっかりとした仏性が存在しています。その存在は自殺することで周りに与える影響などもすべてわかっています。この存在に意識を向けて語りかけることは大切であると思っています。なお自殺については後ほどまたお話しします。

次にお話しするのも、同じく息子さんを亡くされた女性の話ですが、その女性は息子さんをいわれなき犯罪者の被害に遭って亡くされた方だったのです。その息子さんの供養のために西国霊場を巡礼されていたのです。でも息子さんの供養のために巡礼をしようとするに至るまでの期間はいろいろな思いが交錯してたいへんであったと思います。ようやく巡礼をしようと思えるほどになられてのことでした。

その女性が言われるのになぜ息子がそのような目に遭わなければならなかったのか、加害者に対する憎しみと共に亡くなられた息子さんが本当に可哀想で仕方がなくてどうか観音様に救って頂けるようにお願いをしてお参りをされているとのことでした。そしてこの方にも先に紹介した女性と同じように、息子さんが亡くなる直前に一番心に思ったことは何だと思いますかとお尋ねしました。

そして私は「息子さんが亡くなる寸前に思ったことは、たしかに加害者に対する憎しみと怒りもあったでしょうが、一番心に思ったことは、おそらくその息子さんが一番愛している存在、または自分を一番愛してくれている存在への思いであったのではないでしょうか。その息子さんの心を一番癒すのはお母さんである貴女しかできないことかもしれませんね」と申し上げました。

さらに続けて、「息子さんが貴女のことを一番心配しているとするなら、その対応の仕方が求められますね。さらにそのような亡くなり方をした息子さんに対して、慈悲と愛に充ち満ちた御仏が放っておかれると思いますか、そのようなことはけっしてないと信じてこれからお参りを続けてください。息子さんのことはしっかりとご供養のお祈りをいたします」と申し上げました。

この方からも後日お手紙が届きました。

「私自身加害者への憎しみや、息子を亡くしたことへの悲しくて辛い思いは決して無くなることはありません。しかし天国にいる息子が私のことを心配してくれているのなら、息子に対して『貴方を亡くした悲しみと辛さは生涯なくなることはないでしょう。しかしお母さんは大丈夫だから貴方は天国で御仏に導かれながら安らいだ世界で過ごしてください。ともかくお母さんは大丈夫だから、お母さんは大丈夫だから』と息子に言ってから息子の冥福をお祈りするようにしました」

これを読んで本当に胸が熱くなりました。

でもこの方の今世の人生経験は本当に厳しいものがあります。加害者への憎しみを消すことは本当に困難な作業です。もしこの女性が憎しみをもったまま霊界に戻ると、憎しみの心をもつ人には天国の門が開かないからです。その意味でこの女性から憎しみの心がいつかは消えてなくなりますようにと心から祈った次第です。

次の話は自分がちょっと目を離したがゆえの不注意で、お子様を亡くされた方でした。先のお二人もたいへんでしたが、それ以上にたいへん厳しいものがありました。先のお二人はある面、自分ではどうすることもできなかった事例ですが、この事例はご自分の不注意でお子様を亡くされたのですから、もうその人の心は辛さと悲しみが一杯で、もう本当に自分を責めて、責めて責め尽くしている状態でお参りに来ておられました。

私「よくお参りしようという心境までなられましたね」

女性「それ以来長い間ずっと塞ぎがちなので、少し気分を変える意味と子供達の供養のためにお寺参りをしようと、主人から促されて来ました」

私「親である神仏はもう貴女のことを許しておられますよ。もしこれからも自分を責めて、責めて生きるなら神仏の心に反することになります。本当にその子供達の幸せを願うのでしたら、まずその縁をあるがままに受け入れて、神仏にその子達の魂の救済をお願いましょう。しかも亡くなった魂はまだ幼い純真な子供です。心の純真性というものは損なわれていません。何の罪もなく事故で亡くなった子供があの世で苦しみや悲しみの心で生きていると思われますか、そして何よりも自らの責任ではなく純真な心をもったまま、不慮の事故で霊界に戻ってきた幼い魂を親なる神仏や魂の偉大なる兄弟の諸如来諸菩薩の方々が何もしないでそのままになされていると思われますか、自分の行為のすべてを受け入れてお子様のことはすべて神仏にお任せしなさい」

さらに続けます。

私「一番の問題なのは、霊界に帰ったお子様の魂のことよりもお母さんである貴方自身のことです。貴女は自分は決して幸せになってはいけないと思っているのではないですか、言葉を変えて言えばこの責任の重さ、辛さ、悲しさは一生背負って生きて行くのが罪滅ぼしと思っておられるのではないですか」

女性「はい、そのとおりです」

そこでまたこう伝えました。

私「そうですね、背負って生きていかなければなりませんね。そのような縁に出会うのはすべて貴女自身が多生の縁で持っていたものです。またその子供達もそのような事故に逢う縁を持っていたのです。それを悪い縁と思ってはいけません。人が出会う縁には良し悪しはありません。ただそのような縁を持っていたのです。親である神仏は我が子に背負うことができないような荷物は与えられません。でも今の貴女を見ているとその荷物を背負うだけの精神的にも肉体的にもその力が見えてこないのですがいかがでしょうか。責任、悲しみ、辛さ、を背負うとは毎日毎日を、辛い、悲しい、ゴメンナサイと言い続けながら生きることではありません。それは背負っているのではなくその重さに打ちひしがれている状態です。罪を背負うとしても背負うには背負うだけの精神的、肉体的強さがいるのです。神仏が背負いなさいと言われたものなら逆らえないので背負うしかないのです」

女性「でもこれは神仏から受けた試練ではなく、私の不注意で招いたもので全ての責任は私にあるのです」

私「実はその不注意も霊天上界の皆様が介入されたら事故は起きなかったのです。それは貴方を見放したという意味ではありません。そこには人生の学習問題として貴女がその事故に遭って学びを得ることをよしとする神仏の意志があった訳です。そしてまたこのような幼い子供が先立つ事象に出会って一番問題なのは死んだ子供があの世に帰っても子供のままの姿で生きているように思っていることです。そうではありません。幼くして亡くなった貴方のお子さんは天上界の天使とも呼ばれる諸如来諸菩薩がそのままにしておくことはないと思います。お子様が亡くなってもう何年も経っている訳ですから、その魂は本来の魂の姿に戻っていると思って下さい」

さらに続けます。

私「天国にいるお子様達は貴女のせいで私達は死ななければならなかったなんてことは思っていません。天国は私達の魂の故郷なのですから、ただお子様はこの地上界的にみて幼い肉体年齢で故郷に帰ったにすぎないだけです。天国のお子様達は神仏の心と同通しています。神仏の心と同通したお子様達の心は貴女のしたことの全てを許しておられるということです。そしてお子様達は天国からお母さんの幸せを願っておられるはずです。貴女のことを心配して天国から見ているお子様達の心にどのように応えていきますか」

女性「そうは言っても私の罪は消えないのです」

私「そうですね、ではその罪を受け入れて贖罪とはどのように考えておられますか」
するとしばらく考えられてこう答えられました。
女性「………だからいまこうしてお寺参りをして子供達にゴメンナサイと謝りながら供養をしています」
私「幸いにも西国三十三霊場は人々の滅罪のために創始されたのです。しかしただ巡礼さえすれば滅罪されるというものではありません。この巡礼の間にご自分の心を見つめて、貴方が本当に滅罪し贖罪しようと思うのでしたら、貴女が善根の功徳を積むことが大切です。それは子供達に迷惑をかけたお返しとして他の人のために慈悲と愛の行為をすることです。でもカナヅチの人が溺れている人を救えないように他人に慈悲と愛の行為をしようと思ったら貴女自身がしっかりとしなければなりません。誰も悲しみと辛さを抱えた人から慈悲の行為や愛の行為を頂戴しても何も嬉しくもないし、かつそのような人は他の人に愛の行為などできません。その意味でゴメンナサイ、ゴメンナサイと言いながら霊場巡りをいくら続けてもそれは真の滅罪にも贖罪にもなりませんから、さあ頑張って下さい。そして霊界から貴女のことを心配して見ている子供達のためにもその贖罪に頑張って下さい」

こう申し上げました。

この方からも後日、前向きに生きて行きますという手紙を頂戴しました。なお、その手紙の返信に「『こんな不注意で我が子を亡くすような私の全てを受け入れて、全てを許して、この世に生かして頂いている神様・仏様、有り難うございます』と常々心に思いながら生きて行くことです。『こんな私を生かして頂いて有り難う』という言葉を、一日中、何かをしながらでも、何度も何度も口に出して言い続けることです」と書き添えました。

この「許します」とか「有り難う」という言葉は神仏の慈悲と愛の波動とつながりやすくなり、これを言うのを習慣づけますと自分自身が癒されていくのです。

さて、これら紹介した方々と話をしていて本当に心が痛みました。ただ言えることはこれらの方々にはあの世に関する知識が少なく、あの世ってあるのかなあ、亡くなった子供はどうなっているのだろう、あの世があるとしても死という辛い辛い思いをしたまま過ごしているような認識だったのです。その辛い思いをした子供が何とか安らいでくれることを願って一生懸命に供養をされていたのです。

再度ここで申し上げることは、幼くしてあの世に帰った魂達は心が汚れていません。多くの罪をつくり、あの世に帰った大人ではないのです。幼い状態の魂をあの世の天使達、諸如来諸菩薩の方々がそのままになされないことを信じましょう。私達はやがて誰も死にます。その意味で死は不幸ではありません。ただ魂の故郷に帰るだけです。

先に帰った魂達とは霊界で意識波長を合わせれば再会できるということを知った上でご回向などの供養をされることをお勧めする次第です。ついてはここであの世のことについて皆様に紹介したい本を次に示します。

エベン・アレグサンダー氏著書　白川貴子訳
『プルーフ・オブ・ヘブン』と
『マップ・オブ・ヘブン』を紹介をします

エベン・アレグサンダー氏は世界的権威の脳神経外科医です。その彼が細菌性髄膜炎になり意識不明の状態になっている間、彼は異次元の世界を体験していたのです。すなわち臨死体験をしていた訳です。その彼が体験したことを本にしたのが『プルーフ・オブ・ヘブン』です。日本名にすると「天国の証明」です。早川書房から発刊されています。

私は過去に数多くの臨死体験者の本やスウェーデンボルグの霊界探訪の本などを読んで来ましたが、この本は秀逸です。まず臨死体験者が脳神経外科医であるということ。いまの世の中であの世を信じない人は、意識、心という感情作用は脳が作り出しているもので、人が死んで脳がなくなれば全てなくなり、あの世などないという認識です。その脳を専門に扱っていた医師が臨死体験をしてあの世の実在、天国の実在を証明しますとして本を出したのですから、そのインパクトは非常に大きいものがあります。

実はその彼自身、あの世は信じていなかったのです。彼は自分が担当していた患者が亡くなる前に先に死んだ肉親や知人が迎えに来たという、俗に言うお迎え現象についても死期が迫って極限の状態になった脳の記憶部分から映像として現れたもので霊とか魂というものはないと確信していたのです。

その彼が重篤な細菌性髄膜炎に罹り、七日間も昏睡状態でいる間に臨死体験を以て異次元の世界をリアルに体験して帰って来たわけです。

意識が戻った彼は脳神経外科医の知識をフル動員して自分が無意識状態になっていた時の脳の状態をＭＲＩやその他最新の機器を使って徹底的に調べます。そして自分が体験したあのリアルな体験はこのような状態の脳では作り出すことができないという結論になるのですが、それに至るまでの検証のプロセスは是非本を買って読んでください。

その検証の結果、たしかに昏睡中の自分の脳はそのようなリアルな体験を映像として出現できるような状態ではないという現実を見ながらも百パーセント腑に落ちないエベンに対して、あの世の存在を否定することのできない決定的な事実が突きつけられます。

それが何であったかも同じく本をご覧頂ければと思います。そして彼は今まで自分が考えていたことが間違いであったことを受け入れてこの本を出すことにしたのです。

そしてまたこの本の秀逸さを際立たせているのが日本語の訳です。訳者は白川貴子氏ですが、英語で語られる霊的な世界のこと、神の世界のことなどをどのような日本語で表現するかは訳者の宗教的な素質があるかないかによって大きな差が出てくるのです。私はこの本を読んで訳者のその素質を感じていました。

実はエベン・アレグサンダー氏が天国の証明という本の次に『マップ・オブ・ヘブン』すなわち天国の地図という本を出しているのですが、そのあとがきに彼女自身も目に見えない世界からの光の体験をされていたことを告白されていて「なるほど」と納得した次第です。

彼女とエベン・アレグサンダー氏との組み合わせは、この世に生まれる前から霊界で約束をしていたことだったのでしょう。お互いがある程度同じ次元の魂であったと察することができます。おそらく高次元の天使・諸如来諸菩薩の方々の計らいの下、あの世のことに感心を示さず物質文明の奴隷に成り下がって霊的な意識レベルが下がった人類に対し、その本質に目覚めさせる役目を担って地上に降りてきた魂であるように思います。

今回のエベン・アレグサンダー氏の臨死体験は偶然ではなく、天上界の天使・諸如来諸菩薩と地上に降りた人間との共同作業によってなされたある意味計画的な臨死体験であったことは間違いないでしょう。なぜならその設定が余りにもできすぎているからです。

先にも言いましたように、臨死体験をしたのが現代科学の最先端をいく脳神経外科医であるということ。ともかく今の世の中であの世を信じない人の思想は、人間の意識や心など人間の生命は脳にあると考えているのですから、その脳を専門に研究していた医師が天国はあると宣言したわけです。しかもその宣言をする前の彼はあの世の存在を百パーセント否定していたのですから。その彼が天国はあると宣言したことについては参考文1.をご覧下さい（※以下参考文は280頁以降にまとめてあります）。

そこには彼の脳神経外科医としての自らの医学的観点によるしっかりとした分析と、脳科学分野の最新の研究にかかる知識にもとづいて導かれた結果として宣言したものであることが書かれています。それゆえ彼の言葉をどう受け止めるかです。そして彼の検証プロセスを読んで、大きなダメージを受けた彼の脳が快復するということも奇跡であり普通ではありえないことは素人でも推察がつきます。彼自身も自らの医学的知識からすると本来あり得ないことが自分の体の中で起きていることの不思議さを感じながら、自らの脳を検証しています。

私の些細な経験からでも、このような奇跡が起きるには、高次元霊天上世界の働きかけがあったであろうことは容易に推察できます。まさに彼の臨死体験は巷の臨死体験とはレベルが違うのです。唯の臨死体験というよりその魂が幽体離脱をして次元の違う世界を探訪してきたと言った方が適切ではないかと思います。

よって、これから私がこの本で宗教的神理（神のシステム）を語る上で彼が本で語っていることと照会しながら話を進めていきますので、よろしくお願いします。参考にした彼の表現は巻末に箇条書きにしています。

ともかく私が彼の臨死体験は巷の臨死体験とはレベルが違うと感じたことについては参考文の22.と23.と24.をご覧になって下さい。

人間としてのアイデンティティを忘れ去っていたということを仏教真理に照らし合わせると、彼は無我の境地になっていたと感じます。法身大日如来、大宇宙創造主の法、すなわち諸法は無我です。彼はその境地になっていたのでしょう。彼が本に書いている天国の様相、神の存在は、そのように教えられたという表現をとっていません。自分がそのように受け止めたという表現になっています。言葉を変えればそのように悟ったと言っても良いわけです。いろんな臨死体験者がいますが、彼ほどの神理を受け入れられる器の人は数少ないのではないでしょうか。神から頂く神理はその人の器の大きさに比例します。彼は神と同通する無我の境地になれたればこそ無限の神理を受け取ることができたのではないでしょうか。

なお巷の宗教書によると、諸法無我とは全てのものは因縁によって生じたものであって実体性がないという意味で説明されています。皆様はこれを読んですぐに理解できますでしょうか、この解釈には諸行無常も絡んで解釈されているのですが、実際にこの解釈を説いている人はどれだけの神理を理解して解釈をされているのかと疑問に思います

全てのものは因縁によって生じたものということは生じさせるだけの縁を動かすエネルギーの存在があるわけです。このエネルギーという実体について説かれたものはありません。このことについては参考文41.をご覧ください。そこにはそのエネルギーを存在させている意識について触れられています。この意識が根源の神です。彼は臨死体験でこの神理を悟ったのです。

そのような広大な神理ゆえに器の小さい人間の脳だけで考える人には逆に理解しにくいという面があるのは仕方ないかもしれません。私は彼の本に書かれていることこそ本物と

確信したのです。実は先の子供を亡くされた人との対応においてもこの本を読み、また些細ながらも私の霊的な体験もあるがゆえに、先に死んだ子供達もあの世でしっかりと生きていることを信じてブレなく話をすることができたのです。

これから私が仏教真理を説いていくなかで、ことに最後の般若心経の意味を説明する上で彼の本がどれだけ役に立ったことか、本当に助かりました。

なお私はいま神理という表現をしましたが、神の理とは高次元から現世に至るまで組み入れられた神のシステムです。それとほぼ同義語にもなるのですが仏教真理という言葉があります。ゆえに仏教真理を省略して私が真理と表現して使う場合は神理のシステムによって現れている真実の現象という意味で話をします。

たとえば太陽は東から昇り西に沈むという現象の真実、その真実はどういう意図があって現れているのか、その意図を神の理、すなわち神理として話をします。

もちろんその内容によっては神理と真理が重なる場合もありますが、一応このような定義づけで話をしていますので、よろしくお願いします。

貴方は仏教徒ですか、ではどのような教えの下に生きているのですか

このような質問を受けたとき皆様はどのように答えられますか、たとえば外国旅行をしたとき入国査証に宗教を問われる国もあります。そのとき日本人の多くの人達は仏教の欄に印をつけると思います。そして貴方が仏教徒であることを知った外国の人から見出しの質問を受けたらどのように答えられますか。

仏教徒とは、お釈迦様の教えを信じてその教え通りに日々の生活をしている人を言います。ただ死んだときにお葬式を僧侶にしてもらうからとか、また特定のお寺の仏様を信じていつもお参りに行っていますから、というのでは真の仏教徒とはいえないでしょう。

そこでお釈迦様が説かれた最も重要なことを次に示します。

一、中道

一、縁起の法

一、四諦八正道

お釈迦様の教えを集約するとこの三つになります。中道とは快楽と苦しみ、善と悪、というような二分法に基づいた生き方ではなく大調和の道です。真ん中のほどほどという意味ではありません。

次に縁起の法とは、お釈迦様が言われた、袖すり合うも他生の縁という言葉が有名ですが、この世に現れるものには全て縁という法則の下に現れているということを意味します。まず現れる因があって、縁に触れて、果が現れるという因縁果の教えです。

次に四諦八正道とはお釈迦様が悟られた苦諦、集諦、滅諦、道諦、という四つの真理です。この説明については後半の般若心経のところで詳しく述べておりますので、ご覧下さい。この三つの法を知ってそれを自らの人生観として日々生きている人が仏教徒です。

ではそれぞれについて話をしますが、四諦八正道については、あとの般若心経の解説においてお話しします。

中道について

ではまずここでは中道という教えについて話をしたいと思います。その前に皆様にはもうすでにご存じかと思いますが、お釈迦様はどのようにしてこの中道という神理を悟られたのかということについてお話を致します。

なお、今まで述べられてきている釈迦伝の四門出遊や生まれてすぐに七歩歩いて「天上天下唯我独尊」と言われたというような釈迦を特別視する伝説的な見方ではありません。普通の人間として生まれてこのような生涯であったのではないかという意味で、過去の釈迦伝などを参考にしながら、私なりの物語風に話をさせて頂きます。

お釈迦様は子供の頃から宗教者としての教育を受けたのではなく、釈迦族の王子として生まれたため、王子としての英才教育を受けて育ちました。ただその中でお釈迦様の心の中は、生まれて間もなく亡くなった母のこと、また戦場での兵士の無残な姿などを通して、

なぜ人はこの世に生まれ出てくるのか、そして人は死ねばどうなるのか、すなわち人間の生老病死に対する疑問がその心を占めるようになりました。

そこでウパニシャッド、ヴェーダなどの古代宗教書などで学びましたが、真にその答えは見つからず、その回答を得たいという熱い思いの下、ついにお城を抜け出して出家します。そして当時のインド各地で修行場を開いている聖人と呼ばれる人達の門戸を叩いては、彼等に先の疑問に対する回答を求めるのですが、誰一人として納得いく答えを持つ者はいませんでした。もはや仕方なくその答えは自分自身で探求するしかないと思われて厳しい修行（苦行）生活に入ります。その期間は六年間と伝えられていますが、その厳しい修行生活によって、もはやその体は限界に達していました。

ある日、水を求めて川辺に立ったとき、スジャータという乳搾りの少女がこんな歌を歌っていました。

「弦の音は、強く締めれば糸は切れ、弦の音は、弱くては音色が悪い、弦の音は、中ほどに締めて音色がよい、弦の音に調子合わせて踊れや踊れ、みんな輪になり踊れや踊れ」

そのとき、ふといま自らがしている修行（苦行）というものに疑問を持つことになります。それは大宇宙大自然界の営みは大調和の中にある。その中に生かされている自分がいま行っている苦行というものは、大調和という大自然の営みと照らし合わせると間違っているのではないか。大自然の大調和はまさに両極端を離れた中道という法の下に整然と営まれているのであって、人間はこの大宇宙大自然界の中で生きている以上、人間も中道という法の下に生きて行かなければならない。

この法を離れたとき、お釈迦様は自らが苦しみを招くことを感じられ、まず骨と皮だけのような自分の身体を修復することを決意されて、当時の修行者としては口にしてはならないその少女が差し出す乳粥を口にされます。

その後は大自然の中道という物差しで過去の自分を振り返られて己の心の在り方を正して行かれました。やがてこの中道という物差しによる反省的瞑想をなされた結果、これまで大宇宙大自然の創造主と自分とを遮断していた心の曇りが取り除かれて、人間の本質である偉大なる仏性を顕現されるに至りました。

すなわち中道とは、永遠の幸福である悟りに至る道だったのです。その時のお釈迦様の心と体は大宇宙大自然の摂理と一体となり、すなわちこの世界を存在たらしめている偉大なる存在、サムシング・グレートと呼ぶ存在と一体となられたのです。

このような境地を仏陀とかキリストと呼びます。はるか悠久の大宇宙創造以来の歴史の中で仏陀になったのはお釈迦様だけ、キリストになったのはイエス様だけというのは視野の狭い考え方といえるでしょう。そしてお釈迦様もイエス様もこのような意識になれるのはこのお二人だけの特別な能力ではなく、万人の全てがその本質を具えていると言われています。そうかと言って私達が一朝一夕であの方々のようにはなれませんが、そう言われている以上、その言葉を信じて生きて行きたいと思います。

さて、このお釈迦様が説かれた「中道」を辞書で引けば「相互に対立し矛盾する二つの極端な概念に偏らない実践方法や認識のあり方をいい、仏教では厳しい苦行やそれと反対の快楽主義に走ることなく、目的にかなった適正な修行方法をいう」と書いてあります。

そこで私はあらゆる面での偏らない認識や実践方法とはどういうものかと思索を巡らせながら瞑想をしていました。その時のことです。いま自分は良い、悪い、という両極端の価値観を離れる指針を求めて瞑想しているが、この二つの価値観では良いほうがそれこそ良いに決まっている。それで中道と言えば良くもなく、悪くもなく、という価値観になり、結果的に中途半端になるのではないか、もしかしたら求め方が間違っているのではと思えてきました。

さらに思索瞑想していると、心の中から湧いてきたのが、いまお前は両極端の価値観を離れるために中道を求めているが、その中道を真ん中の道と解釈して中心を探し出すために逆に両極端を見ているではないか、自分では両極端から離れたいと思いながら行っていることは常に意識を両極端に向けているということでした。

では中道とは何か、今の私の意識レベルで感じるのは「二つの対立した価値観のないもの、すなわち対義する価値観のない生き方」と感じました。当初は愛とか慈悲に生きることかと思いましたが、人間界の愛には対義する憎しみがあり、同じく慈悲には無慈悲という対義する心の働きがある。思い悩んでいた時、神の愛と神の慈悲という概念が出て参りました。

これには対義するものがありません。神の愛に対義する神の憎しみ、神の慈悲に対義する神の無慈悲などはありえません。すなわち、お釈迦様の言われた両極端を離れた中道を生きるとは、神の愛と神の慈悲に心を向けて生きることではないかと思うに至りました。

ただこの神の愛と慈悲を観想するのに自分の尺度で神を観想しますと、真実とは違う可能性があります。

先にも言いましたが、自分の観想する神は神の実体ではありません。これについては参考文38.をご覧下さい。すなわち神とは観想することもできないサムシング・グレートな存在です。その意味で中道を知るには弘法大師が言われたように、神の心の表れである大自然を教師として生きて行くのが一番間違いのない方法であろうと思いました。

大自然の中には毒草もあれば毒蛇もいます。良い悪いで分け隔てしていません。この世では好きな人もいれば嫌いな人もいる。犯罪者もいれば被害者もいる。もっと大きく互いの民族が憎しみ合い戦争をしている国もある。これらで苦しむのは人が己の周りに現れる現象に対して、良し悪しや幸不幸などの価値観にとらわれて判断するからで、中道を物差しとして生きるときその価値観を超えた受け取り方ができるからです。

なお、この中道を歩む上で注意したいのは、神のように愛と慈悲に生きて行かなければならない、と自分を追い込まないことです。これをしますと、そのように生きていない自分を裁き責める心が湧く危険があります。裁いたり責めたりするのはもう神の愛でも慈悲でもありませんから、その心はまさに中道から離れていることになります。

ですからもし自他を責めたり、人を憎んだり、嘆いたり、悲しんだりする怨憎会苦や愛別離苦の渦中にはまったときは、善悪という物差しで自分の心を裁くのではなく、その感情のエネルギーをじっと眺めてみましょう。そこにはその感情を出している自分を受け入れて見ているもう一人の自分があります。中道とは善も悪も美も醜もすべてを受け入れる神の心ですから自分自身が自分の負のエネルギーを受け入れているとき、その心は神に通じて癒されていくでしょう。これとは逆に自分の心に負のエネルギーが出た時に強い意志でその悪い感情は取りの除かなければならないと言って頑張る方もありますが、私はそのような手段は中道から外れた方法ではないかと感じています。

ともかくお釈迦様の説かれた中道という道を歩むためには、心を大宇宙大自然の摂理の中に込められた神の心に向けることが大切であるといえます。なお大宇宙大自然の摂理に意識を向けるというのは、天空の宇宙や、素晴らしい大自然界の景色に意識を向けることだけではありません。大宇宙大自然界の摂理は貴方の身体の中に流れていますから自分自身に意識を向けることです。

肉体は正直です。中道という大調和を離れた生き方をすると肉体は不健康になります。また心も中道を離れますと病んできます。

大調和である中道を歩めるように頑張りましょう。そしてもし迷ったならば合掌しましょう。

一般的に合掌は祈りの作法ですが、左右の手を身体の中央に合わすことで両極端の価値観にとらわれない中道の姿を表します。仏像の中にも菩薩様が合掌している像があります。

合掌が祈りの作法とするなら、自らがすでに大宇宙大神霊近き悟りの境地の菩薩様達は何に対して合掌して祈られているのでしょうか。菩薩様達は自らが何かに祈るという立場ではなく、衆生からの祈りをお受けになる立場です。何故なら菩薩様くらいの境地になると祈っている間があるなら即行動をなされるからです。祈り即行動これが上段界諸如来諸菩薩の境地であると察します。

そのため菩薩様達の合掌の姿は、衆生に対して両極端を離れた中道という神理の道を歩みなさいと教示されている姿であると理解するのが、道理でしょう。どうか心に、怒り、妬み、誹り、愚痴、悲しみ、寂しさ、辛さ、恐怖などの心が出て来たら外からの救いを求める祈りもいいですが、まずは自分の心を中道に置くために心静かに合掌しましょう。

その時の合掌の仕方はパッと合掌するのではなく、こころ静かに自分を中道に導くことをイメージしながらゆっくりゆっくりと合掌するのです。そのとき人によっては両手をゆっくりと近づけていくときに、左右の手のひらの間に自分の意識エネルギーを体感する方もあると思います。このような感覚を体験していくと合掌するのが好きになります。どうぞ皆様も試してみてください。

縁起の法について

縁起の法とは物事が現れるには現れる理由があるということを示しています。よく説法でスイカの種をまけばスイカが実り、キュウリの種をまいたらキュウリが実るように、いま現れた現象は過去に自分がまいた種が実って現れたものであるという話がされています。これが袖すり合うも他生の縁の意味です。

昨今この他生を多少と間違って理解している人が多いことに驚きました。お釈迦様が弟子を集めて法を説かれるのに、いま袖が触れあった人ともそれだけの多少の縁があったのだというような軽薄な理論を説かれるはずがないと推し量ることもできないのでしょうか。もしそのような意味でお釈迦様がこの法を説かれたとすると弟子達もきっとお釈迦様、無学な私達ですがそれくらいのことはわかりますと言うのではないでしょうか。

お釈迦様は過去世、現世、来世という三世を見通す神通力を持たれていました。その上

で過去何度も転生した中でまいた種が今現れたのだという意味で他生の縁、又は多生の縁と説かれました。ただこの縁起の法を説く時によく使われる言葉に、良い種をまいたら良いものが稔り、悪い種をまいたら悪いものが稔る。だから良い種をまくようにという法話です。

たしかに、お釈迦様もこのような表現をされています。これは先の善悪を離れた中道の教えと矛盾するように感じますが、あえて人々を幸せに導くための方便として良いと悪いという二分法の価値観を使って話されたものと思います。何故ならこの世に生きている人には良い悪いという二分法の価値観で話をした方がわかりやすかったからでしょう。

しかし、仏法の真髄はこの二分法の価値観を離れた大調和の中道です。神の愛と神の慈悲に満ちた大調和の中道の道こそが永遠《とわ》の幸福に至る道であると、お釈迦様が言われているのですから、この教えに従って縁によって生じた果についても良し悪しのジャッジをしないことです。その人はそのような縁を持っていたというだけのことです。過去方便として説かれた良い種をまいたら良い芽が出て悪い種をまいたら悪い芽が出るという説き方の縁起の法でどれだけ多くの人が苦しんだことでしょうか、たとえば災害に遭ったり、車の事故などで大切な人を亡くしたりしたような人達です。このような人達の中には、いままで私達はただ黙々と生きてきて他人様から後ろ指を指されるような悪いことは何もしていないのに、何故このような目に遭わなければならないのか、自分がまいた悪因が原因ではないかと自らを苛めて苦しみを増加させる人もいたのです。また他人もそのような偏見の目を向けたりして当事者の悲しみをより一層増したりしています。

私が思うに縁とは各人がもつその人固有の縁であってそれ以上でもそれ以下でもないしその縁に良し悪しもない、ましてや他人からとやかく言われる筋合いのものではないということです。私達は毎日生きていくなかで、昨日と全く同じ縁でその翌日も生きることは絶対にありません。毎日毎日が各人の縁生によって持つところの因と縁と果の連続です。もっと言えば一瞬先のことがわからない私達にとっては一瞬一瞬が因と果の連続であってその果を受け入れて、そこから発展するために生きているのです。すなわち一瞬一瞬がスタートラインです。

般若心経の中に示される苦集滅道、これは四諦と言います。そこに使われている諦という文字、またこの文字は最後の掲諦、掲諦、波羅掲諦、波羅僧掲諦の真言の文字にも使われています。この諦という字は諦めると読みます。いま現在この字を使うときは何かさじを投げるようなアキラメとして使いますが、仏教でこの字を使う時は明らかに知るとか悟るという意味に使われます。

私達の人生はこの諦めという受け入れから始まります。まず生まれた時代、環境、家庭、男女、容姿、障害の有無、名前、等々すべて受け入れた諦めから始まります。人生とは諦めの連続です。このような条件で生まれたくなかったと言っても無理です。

ただこの出生の受け入れについてはまた別の観点があるのでそのときお話をしますが、ともかく人生とは縁との出会いを諦めて受け入れる連続です。なおこの受け入れると言っても不当な差別を受ける地域や国に生まれてもそれを甘んじて受けなさいとか、不当なる行為に出会っても泣き寝入りしなさいという意味ではありません。その縁に出会っている自分の立場を受け入れて、さあこれからどう生きるかのスタートラインに立つという意味です。

実はこの全てを受け入れるというのは深い愛に通じます。この愛は男女間の愛の愛とは違います。男女の愛は恋い焦がれるような愛です。また家族愛とかいう愛も家族に対する情の愛です。神仏の愛は一切の価値観を離れて平等に愛する愛です。たとえ悪人でもその悪人に対する生命エネルギーを断つことなく生かし続けておられる神の愛です。神の愛には怒りや悲しみがありません。よく差別などに立ち向かうのに怒りがそのエネルギーです。怒りがなかったらこの運動もできませんという方に出会いました。その人のエネルギーの源は怒りです。でも同じ差別解消の行動をするのにも自他を愛する愛をエネルギーとして立ち上がった人には神仏の応援もつき自らの力以上のものが表れてくるでしょう。なおこの諦めるということについて、仏教にひとつの逸話があります。

あるとき幼い子を亡くしたばかりの女性が遺体を抱えたまま、お釈迦様のところにやってきてこの子を助けて下さいとお願いをします。するとお釈迦様はその女性に対して今まで死人を出したことのない家に植えられているケシの実をもらってきなさい、そうしたらそのケシの実から薬を作ってその子を助けてあげましょう、と言われます。

そこで女性はケシが生えている家を訪ねてはケシの実を頂こうとするのですが、どの家に行っても死人を出したことのない家はなかったのです。昔のインドではケシを植えているような家は裕福で代々続いている家だったのでしょう。ついにその女性は自分の願いが叶わないことを受け入れます。我が子への愛の思いで我が子の死を受け入れます。やがてその女性も仏陀教団に入信してアラハンの境地になるのですが、すなわちその女性はこの世の無常とみずからの縁を受け入れたのです。

最後に縁起の法をもう一度まとめてお話ししますと、人生とは瞬間、瞬間に出会う縁とその果に対して中道の物差しを以て良し悪しのジャッジをせずに、自分はこのような縁をもっていたのだと受け入れて、その表れた結果を新たなスタートラインとしてそれからどう生きて行くかを考えるのが縁起の法です。先に言いましたような災害、事故、犯罪、などで大切な人を亡くされた人がこの真の諦めの境地になるためには相当苦労をされるかと思いますが、それができた時にその魂は素晴らしい発展を遂げられていることになります。私達が地上に生まれてくる目的と使命というのはお釈迦様が説かれた十二因縁に示されていますが、それは自らを神仏の子として発展させていくために生まれてくるということです。

この十二因縁については後ほど般若心経の解釈のところで述べていますので、そこをご覧下さい。私達が地上で生きていますと事故や災難には遭わずに幸せに暮らしたいと思うのは人情ですが、平々凡々として生きてあの世に帰った魂とこの地上で多くの試練に遭いながらもそれを受け入れて自分の魂をより発展させることができた魂とは大きな差がつくことを知らなくてはなりません。

私達は事故や災難で亡くなられた方を悼み、ご冥福を祈ります。またそのご家族に対しては同情の念を持ったりします。しかし同情するよりもその人が持つ固有の縁のために苦悩されているなら、その人が、そのスタートラインから一日でも早く力強く生きて行かれることを、そしてその魂を力強く発展させられるように心からお祈りいたしましょう。

自分の心の王国はたとえ神仏でも触ることができない

自分の心を触っているのは自分。

さてこの話をする上で番外霊場の説明の時に話した花山法皇のことを思い出して下さい。法皇は佛眼上人のお蔭で救われたと言われましたが、でも上人の言葉を聞いてもそれを実践するかしないかは法皇自身にかかっています。そして法皇の乱行の元になっていた藤原兼家への怒りは自分がその心のスイッチを切るしかなかったのです。いくら法皇がこんなに苦しんでいるのはあの兼家のせいだと言っても、その心を苦しませているのは法皇自身だからです

ここで皆様にお尋ねします。他人様の心を直接触ることができますか、それは絶対できないですよね。ということは他人様は誰一人として貴方の心を触ることができないのです。

仏法真理からすると、他人の言動の縁に触れて自分の心を傷つけているのは他人ではなく、自分自身であるということです。この真理を忘れてしまって他人ばかりに原因を求めて他を非難しても永遠に救われることはありません。

他人から何らかの迷惑を掛けられたとき、謝罪の言葉を聞いてやっと心を平穏にする人もあるでしょう。それはその謝罪の言葉を聞いた本人が自分で怒りのスイッチを切ったに過ぎません。その意味で、もしいま自分の心が苦しい状態ならその心を救えるのは自分自身しかいないということに気がつく必要があります。これができないのは縁起の法のところでいいました諦めることができないからではないでしょうか。その出会いを受け入れることさえできれば苦しまなくてすむのです。

縁起の法からすると、他人から心を傷つける言葉を聞くのも縁です。そして先にも言いましたように、その言葉を聞いて自分が自分の心に傷をつけている訳ですが、実はその言葉を聞いて、そのように反応する心の傾向性が自分自身の中にあるのです。

これをカルマ（業）と言います。このカルマを持っていない人は同じ言葉を聞いてもそれに反応しません。ある意味カルマとはアレルギーの抗体反応のようなものです。その抗体さえなければ反応することがないので、その抗体を除去することが求められるのです。

実は人を苦しめる者達は相手の心にその抗体があるのを知っていて、それが反応するようにその言葉を出しているのです。そしてその術策にはまったのは自分自身であって、相手にその責任を求めても根本的解決にはなりません。

社会の道徳はこの抗体除去については何も触れずに、その抗体が反応するような言葉を発したり、そのような行動をしてはいけません。と言っているのです。しかし仏法はその抗体を除去する方法を説いています。

さて、その言葉との出会いを神理の眼でみれば、その言葉を聞くことになったのは貴方にはこのような抗体があることを知りなさい、そしてそれを取り除くように頑張りなさいとして、神仏から与えられた人生の問題集であるということがわかります。この問題集を受け取らずに相手に対して怒りをぶつけて、その時は一旦治まったように見えても、根本的な解決をしていませんからその問題集を解き終わるまで神仏から何度も何度もくりかえし問題が渡されると思ってください。

以上、自分を救うのは自分自身であるということでお話をしましたが、では神仏はどのようにして私達を救って下さるのかのという点についてお話をしたいと思います。

神仏の救いと六道世界の現実について

神仏の救いということに関連して六道世界の話をしたいと思います。これは自分の心は自分でしか触れないという真理に通じることなのですが、仏の教えの中にそれぞれの悟りに比例した段階論が説かれています。

その段階とは仏、菩薩、縁覚、聲聞、天、人、阿修羅界、畜生界、餓鬼界、地獄界、の十界がそれです。この中で、天から地獄界に至るまでの世界を六道世界と呼びます。皆様も六道輪廻とか六道絵図などの言葉を聞かれたことがあると思います。

さて、皆様には神仏が存在するのに何故地獄の世界があるのかと不思議に思われませんか。神仏は全ての人を救うと言われています。そしてまた神仏の力は偉大であり、不可能はないと説かれています。しかし現実に地獄界があるとしたら神仏は全てを救うことができなかったということになり、先の言葉と矛盾します。

ただしこれを言うと地獄に堕ちている者はこの世で悪行を働いたその罰と償いのためにそこに堕ちていると言う人もいます。ではもしそうであるなら神仏が刑罰を司る訳ですから、その場合は何年その場所で極苦に耐えれば救われるのかという救済論もはっきりと示さなければその説明としては不十分です。

私はこの段階論に神仏の大いなる慈悲を感じます。私達は神仏から生まれた神仏の子、神仏の子は神仏ですから親と同じようにその魂は創造と自由という権限を持っています。そこでもし、神仏が地獄の思想を持っている者の心の中に介入して強制的に是正されたり、また地獄に落としたりするとしたなら、まず魂に与えられた自由という大原則に反します。また逆にあの世からコントロールして人間が誰も悪を犯さないようにしてもまた同じです。たしかにこの場合悪は起こらないですが、これでは操り人形になってしまい幸福感はありません。

この自由と悪という点については参考文献 13.と29.と30.をご覧下さい。ここには神仏の世界になぜ悪があるのかということについて述べられています。その中で、ときには悪が優勢になるのを創造主が容認しているのは、われわれ人類という存在に自由意思の恩恵を授けるためにそうする必要があった、と書かれています。また自由意思というものは、愛と受容から離れる代償を払う形でしか得られないと書いてあります。これを読んで皆様にはいかがでしょうか。もし神にお願いすることができるなら、神よ私達に自由をお与え下さいまして有り難うございます。でも悪は要りませんどうか悪だけはなくして下さいと願うのではないでしょうか。この例文を理解するのは大変難しいと思います。著者もこの悪についてもう少し解説をつけて下さっていたら有り難かったのにとも思っています。

私はこの悪を考える時、いつも例題に考えるのはある無人島にただ一人悪人が住んでいたとします。でもただ一人の時には善も悪もありません。そこにもう一人住人が現れたときに悪人の本領が発揮されます。すなわち悪が現れるのは対象がないと現れません。私達の魂の故郷である天上界では自他の分離がない世界であると著者は言っています。自他の分離がない世界でどうして悪をなすことができるでしょうか。

しかしながら、この地上は神の愛と受容の世界から分離する世界です。（本当は分離していないのですが）その分離という代償を払った上で私たちは自由という権限をもって地上で生きていると理解するとこの文例が理解できるのではないかと思います。

そしてこの自由の権限という観点から先の六道世界を見たとき、地獄の存在理由が理解できます。すなわち、本人が自由意思の下に闘争と破壊の阿修羅の心や、畜生界のような貪欲な心などを持っている限り彼らは地獄に堕とされたのではなく自らがそこに行ったというか、その人自身が持っている心の波動と同通する世界に自動的に行ってしまったというのが正解でしょう。これを波長同通の法則とでも言えばいいのでしょうか。この点については参考文の45.46.47.48.をご覧ください。そして六道の下位の世界のことを考えて見ると、その世界では波長を同じくする地獄の心の魂ばかりでしょうから、瞬時として心の安らぐ時はないでしょう。そのような状態で自らの心を振り返ることは非常に難しいことは想像に難くありません。結果、反省する間もなく、永きにわたりその世界に住むことになるのは必然の道理と思えます。

このような死後の世界があることを多くの人々が真に理解すると、この世で邪悪なものに手を染める人はいなくなっていくでしょう。いま殺人や暴力や詐欺、その他不正に手を染めている人は死後の世界を知らないからできるのです。

ただここで間違ってもらって困るのは、不正をしたら地獄の世界に行くというのではありません。この世で邪悪な不正をしてはいなくても、何かのきっかけさえあればそれに手を染める心の波動を持っていれば同じです。まさに参考文46.に示されているようにその心の本音に照応した世界に行く法則になっているのです。ですから世の中をよくするには道徳もいいですが、この真理を多くの人々に真に理解してもらうことが一番いいのではないでしょうか。

ではこのように、六道世界で迷う諸霊達に対して、神仏は天使や諸如来諸菩薩の方々は、本当に彼等の自由意志を尊重して全く何もしておられないのでしょうか。その疑問に対してヒントになったのが、先に示した参考文47.に書かれていることです。それは天上界から「良いもの」がやって来ても心を閉ざしている人がいる。光が降りてきても従う気持ちになれないのだ。その場合は連れ出してもらう心の準備が整うまで自分がいる暗がりの場所にとどまる、というところです。普通なら「そんな馬鹿な、光の存在が降りて来ているのに、それを喜んでその存在について行かないなんて信じられない」と思われるかもしれませんね。でも私はその感覚がわかるような気がします。

それはね、自分の心の中に濁ったものを持っていたら、それを知られたくないという感情が出て来るのです。自分の負の部分は他人に見られたくないと思うのは人の常ではないでしょうか。そこに他人の心もすべてお見通しの光の存在が現れたら、たとえば常々悪心をもってうろついている者が警察官をみると隠れてしまうように、光の前には出られなくなるのです。

地上ではプライバシーの尊重が重んじられますが、その感覚が余りにも強くなると光の存在の前でも心を開くことができなくなることを示しているのではないでしょうか。そのため常々から自分の負の部分と向き合いそれをすべて受け入れて、このような私ですが宜しくお願いしますと言えるくらいに、謙虚に胸襟を開く心が大切と感じます。それができない人はいつまでも暗い世界で住むことになるのでしょう。

このような六道の世界が存在することは、日々の布教でしっかりと伝えなければならないのですが、お葬式をしている僧侶はこの六道の教えを葬儀の場では説くことはできません。その場では「すべての魂は天上界へ送りました」と言わなければ許されないからです。

しかし、それが真理に矛盾していることを一つの例をもって示します。その例とは、巷の暴力団の組長のお葬式を見て下さい。彼等は懺悔も償いもなしに本当にお葬式をしてもらったら天上界に行けるのでしょうか。彼等の死後の世界はやはり六道の教えに従い魂の自由性の下にその人の心に比例した世界に行くはずです。やはりこのことは日々の布教においてはっきりと言わなければなりません。

そしてこの六道世界に住む魂達はそれぞれ波長同通の法則の下、その魂に照応する世界に行っているだけで、神仏が罰を与えてその世界に堕としたのではないことが真に理解できれば、神仏の罰という言葉で人を脅し、人の恐怖心を利用して人を操るような悪い新興宗教に入ることは絶対にないでしょう。

ただ一旦悪の新興宗教に入信してしまいますと、その崇拝しているものがたとえ神と名乗っていても悪霊や動物霊等の場合、その団体に入っている限り、その団体に反する行為をしたとき、彼等の悪行を受けてこの世的に見て罰の如き現象を受けることがあるのは事実です。これは神仏がしたのではなく神仏の名をかたる別者の仕業です。ですから真理をよく知って、正しい目を養うことが必要でしょう。

ただ新興宗教という言葉そのものは邪宗教を表す言葉ではありません。あくまでも新しく起こった宗教という言葉です。現に真言宗、天台宗、日蓮宗　曹洞宗、などもその開創の時は、その時代の人からすれば新興宗教です。

その意味において新興宗教という言葉で新しい宗教教団をすべて邪宗教のごとく判断しますと、本当の正しい人まで抹殺することになります。時として正しいものはその時代の人には理解しにくいこともあるのです。過去の人類の歴史にあるようにイエスを迫害したような愚行をしてはなりません。いま既成宗教がその習慣と儀式のみで真に存在価値を見いだせなくなっている時代であるからこそ、現代の、空海、道元、親鸞、日蓮、と呼ばれるような人の再来を渇仰します。

いま政治や教育の場で宗教というものが排除されています。しかし宗教教育は大切です。宗教教育とは人知を超えた素晴らしい偉大なる存在があることを知らしめ、その存在と共に生きているということを知り、その存在の御心に添って生きていこうとする行為です。それゆえ私は常々、宗教という言葉と宗教教団という言葉を使い分けて欲しいと言っています。政治や教育にある特定の宗教教団色を持ち込むのはいけません。しかし宗教教育は必要であるということです。

神仏の存在を知らない者は、心と行いの真の法則を知りません。だから欲望のままに生きる状態になります。それゆえ家庭や学校で真の宗教教育がしっかりとできていたら今のいじめも、少年犯罪も減るでしょう。今現れているいじめや少年の犯罪等は神仏から私達に与えられた反省材料です。宗教教育を排除し、神仏と共に生きていることを忘れ、宗教心なき心での民主主義は衆愚になることを知らず、人間の権利ばかり主張することの愚かさに気がつくまで、今後、何度も何度も悲劇を見ることになるでしょう。

この世で起こる不調和なものはすべて神仏からの「お知らせ」と見るべきで、一人一人が早く目覚めていくことが必要です。

私達は神仏の子です。
だから貴方が神仏です。 でも幼子です

弘法大師は大日如来を表す梵字の「ア字」をもって、人間を「ア字の子」と表現されて私達を仏の子と言われました。また違う教派では神の子とも呼ばれています。さてここで皆さんは貴方自身が神である、仏であると言われたらどのように思われますか。

おそらく、多くの人々は「神仏ならば全知全能であるはず、それに比べて自分の人生は思い通りにはならないし、また間違いも犯す。そうである以上私は神でも仏でもない」と思われるのではないでしょうか。

また人によっては、過去に生き神様の教祖が多くの人々を惑わして来た事実から、人間が絶対に神であるなどと言ってはいけないと思う方もいるかもしれませんね。

しかし、ここで「子」という言葉をよくよく考えてみて下さい。「子」と呼ばれる以上、

子は親と同じ種類のはずです。犬の子は犬。ネコの子はネコ、決して犬がネコを産んだりしないでしょう。皆様もご自分のお子様をご覧になっていかがですか、人間の子は人間でしょう。まさか猿ということはないですね。過去の聖人達が人間を「仏の子」「神の子」と表現するなら、すなわち私達は神仏であると言わなければ、つじつまが合いません。

しかし、言葉の理屈ではこれが受け入れられたとしても、感情においては、「人間が神仏というのなら、なぜこの世で苦難、困難の人生を歩むのか、また悪人と呼ばれる人がなぜ存在するのか」と言われそうですね。

しかし事実は事実、神仏の子は神仏なのです。そこに何も矛盾はありません。それを否定する方が矛盾しています。ただここで一つ申し上げるなら、私達人間は神仏ではあるけれども、その魂は小さき幼子のような未熟な存在であるということです。

ただ幼くても神仏である以上、その魂には親と同じく自由と創造の原則が保障されています。そしてこの原則は全てに適用されてこそ普遍の真理です。一方に適用できて他方には適用できないものは普遍の真理ではありません。

先に縁起の法のところで人の出生について話をしましたが、この件について今度は魂の自由と創造という観点から話をしてみましょう。人が生まれるのに男女、環境、両親が選べないとしたら、この自由と創造の原則から外れます。ですから人の出生にこの原則を適用すると、人間は生まれる前に自分の両親や生まれる環境、そして男か女かをそれぞれが選んで出てきたということになります。ここでもまた理論的に言えばそうですが、感情としては誰も生まれる前のことなど憶えてもいないし信じられない、と言われるかもしれませんね。

でもこの、生まれる前のことなど憶えてもいないと言う前に、生まれる前のことと死んでから後のことがわからない仕組みにしたのが神仏であり、またこの世を無常として生老病死がある世界としたのも神仏であるということをまず考えてみましょう。

ここで一つ面白い会話をご紹介します。それは当方へお参り来られたある老婆との会話です。

その老婆が「元気でさえあれば、いつまででも長生きしたいです」と言いました。そこで「長生きとはどれぐらいですか」と聞きますと「できたら百歳ぐらいまで」と言われましたので「折角神仏にお願いするのだから二百才ぐらいまで元気で生きられるようにお願いされたらどうですか」と言いますと、「住職さん二百歳はしんどいですから百歳ぐらいでお迎えに来ていただいた方が有り難いです」という言葉が返ってまいりました。

この何気ない会話に神理があります。すなわち私達は必ず死にますが、逆に肉体を持ったままで死ねなかったらどうでしょうか、皆様は地獄の苦しみを感じるのではないでしょうか、そして死ねない世界とは永遠の世界です。もし人の生まれる前も死後の予定もわかっていたらどうしますか、それはまさに死なない世界で生きる人です。そのような世界で生きる場合、真の悟りを得ていない普通の人ならきっと耐えられないでしょう。生まれる前と死後の世界がわからない仕組みの幸せを感じます。またある人は「生まれる前と死後の世界を何かで証明できたら信じる」と言いました。

しかしこの場合、信じるという言葉の使い方がおかしいです。証明されたら信じるではなくて認めるです。

たとえば皆様の目の前に現実に物がある時に「あると信じます」という言葉で表現されますか。この地上世界においては信じるという信仰の心は確認の心より高次な心の働きです。聖人達の言葉を信じて人間が神仏の子と信じることができた時に「人間の魂は神仏である」と言えるのです。

ただ「子」ゆえにその魂は嬰児の如く幼い、幼い存在です。その幼い神仏達が自由と創造の権限をもっていろいろなことを体験するために自分が望んだ両親や環境の下に生まれて来ているのだと確信して言えます。

もしこの世に生まれたことについて自分が望んだものではないとするなら、強制的に生まれさせられたということになります。そしてもし強制的に生まれさせられた人間が凶悪な犯罪者などになったとすると、すべての責任は強制的に生まれさせた存在がその責任を負うことになります。そのようなことを皆様は受け入れることができますか、私にはできません。

そして人間がこの地上に生まれ出たときのあの純真な赤子の姿を見てわかることは、この地上界には天上界からしか生まれて来ないということです。もし仮に地獄からも生まれることができるなら地獄界はなくなります。なぜなら地獄からこの地上に生まれ出てくることが可能ならば地獄霊達はそこから逃げ出すためにそれこそ挙って地上に生まれてくるでしょうから地獄界はなくなります。もしそうなったら地上は地獄の様相を示すでしょう。しかしそのようなことは決して起こりません。この世の人間は誰もあの純真な赤子の姿で天上界から生まれ出てくるのです。

ではここで天上界についても考えてみましょう。これもある老婆と天上界を想像して語り合った時のことです。「天上界なら気候もよく食べ物もあり、病気にならない。結果死ぬこともない。また嫌な人にも出会わない。また全てが自分の思い通りになる。このような世界でしょうね」と話し合ったのです。

でもこの会話の中にある「死なない世界」「思い通りになる世界」で本当に幸せでしょうかという話になりました。

私たちの意識レベルからすると、たとえばゴルフをしていつも思い通りにホールインワンばかりしていたら、一日でゴルフを止めませんか。思い通りにならない世界、努力のいる世界、間違いを犯す世界、意見の違う人に出会う世界、善人や悪人にも出会う世界、これらはあの世の天上界では味わえないこの世のみの醍醐味と思えるのです。

それゆえこの地上界で肉体五官に囚われて多くの苦しみやその他の不幸状態を体験して心が苦しみの渦中にある時、あるいは努力に努力を重ねて一つのことを成就して心が歓喜しているとき、心の深部にある神仏の子の本性は「この苦しみ体験や努力成就の歓喜体験」こそ、この世で一番体験したかったのだと喜々として喜んでいるように感じます。

なおこのような認識は私達の意識レベルをもってのことです。いつかはこのレベルを卒業して六道輪廻とか十二因縁のカルマを受けることがない永遠の涅槃に入ることをお釈迦様は説いておられます。その教えとは地上体験をする必要がないより高い悟りのレベルに向かうことを意味しています。そして親なる神仏の波動と一体の心境になったとき、思い通りになる永遠の命の世界で、それを限りなき喜びとしてその世界に住することができるでしょう。

では、なにゆえにそのような世界でこの限りなき喜びを味わうことができるのかというと、察するに親である神は完全完璧ではないということです。「そんな馬鹿な」と言われるかもしれませんが、神が完全完璧な存在ならもうそこでストップすることであり、神の死を意味すると感じています。神は無限の愛、無限の慈悲、無限の調和、無限の発展を以て存在しておられると感じるからです。すなわち無限に発展するものに完全完璧はないからです。

ともあれ人生というものを先に示した縁起の法と共にこのような観点で振り返ってみてはいかがでしょうか。この世の苦悩に対する見方も変わってくると思います。

親なる神仏と幼子である人間との関係について

　ではここで人間は仏の子、神の子と言いましたので、人間と親なる神仏との関係をこの世の人間界の親子に当てはめて考えてみましょう。

　よく神仏は私達を救って下さるという言葉を聞きます。この救うという表現に何か宗教者の意図を感じます。人間とは神仏に救ってもらわないと生きていけない弱い存在になります。そのため寺社に参拝するのも救いを求めてという感覚でお参りに来られたりしますが、神仏に対してそのような求め方をするのが本当にいいのでしょうか。この点について神仏と私達の関係をこの世の親子の関係に当てはめて考えてみましょう。

　まず親は子を救うことを目的とするでしょうか。親の仕事は子供を一人前に育てて社会に送り出すことだと思います。たしかに親として子供が本当に困って助けを求めてきたら、

そしてそれが正当な求めであれば手助けはします。

しかし親からすれば、困っている子供を助けたとしても何ら喜びは感じません。親として本当に喜びを感じるのは、我が子が成長してくれること、そして我が子が何かの目標に向かって一生懸命努力している姿を見て、それに援助の手を差し伸べて、その目標を成就した時に子と一緒になって喜んでいるのではないでしょうか。

子供が親の愛を一身に受けている姿、また子供も親からその愛が降り注がれていることを知っていて、その中で自由に天真爛漫に伸び伸びと生きている姿を見てこそ親も嬉しいはずです。

また巷の宗教家には「神仏に救ってもらおうと思ったら、救ってもらえるような自分作りをしなければならない」と言っている人もいますが、この神仏という言葉を親という字に置き換えたらどうでしょうか。親の立場からすればこれほど冷たい言葉はありません。たとえ我が子が犯罪を犯すようなひどい子供でも、言うことを聞かない子供でも、その子供が真に助けを求めて縋《すが》ってきたときには一切の理由などなしにその子供を救うはずです。

たしかにいま、この世で苦難に遭い日々を苦しみの中で過ごしている方がいるとすれば、今こうして苦しんでいるのにどうして親なる神仏は救って下さらないのかという思いも出てくるでしょう。しかし親が本当に救いの手を差し伸べるのは、本当に子供が危ない状態になったときです。親なる神仏はたとえ子供が失敗や苦難の中にいたとしても、それが魂の成長につながる大切な体験ならばじっと見ておられるはずです。

そして親なる神仏は子供の能力を知っておられましょうから、「その子供に背負うことのできない荷物まで背負わせることはない」ということを信じましょう。でもこの話をすると「時にはその苦しみから耐えかねて自殺する人もいますがどうですか」と問われました。たしかにこの世的には苦難に負けた弱い魂と映るでしょう。また自殺はその動機にもよりますが、神仏の子の本性たる創造という行為とは反対の行為です。また六道の世界の説明でお話しましたようにあの世はその霊体の心の波動が住む場所を決める世界です。自殺をするような人は、死ねば自分という存在がすべて消えてなくなると思っている人がおそらく大部分でしょう。

なお先にも自殺されたお子様のことを話しましたが、自殺するにしてもその心にほんのかけらほどでも他の人のことを思う愛の心をもった上で自殺する魂と、全く周りのことなど関係なく自分さえ消えてなくなればいいと思って自殺する魂とでは違いがあって当然です。特にそのような魂は全て消えて無くなるはずの自分の魂・心のエネルギーが残っていますから、それが思い通りに消えていないことでより厳しい苦悩の淵に沈むでしょう。

そしてまた紹介したエベン・アレグサンダー氏はあの世とはこの世的な時間の流れがない世界といっています。ということはその時の自分の心の状態のままということになりますから、地上界的な時間に換算すると本人がその間違いに気がつくまで長い長い時を苦悩の淵で過ごすことになるでしょう。

しかし、しかし、です。その自殺した魂もいつかは天上界に昇って行きます。その時は永きにわたり、大変な苦しみを体験した魂として帰って来るわけですから、今まで何ら大きな苦しみなど味わったことのない魂との差は歴然たるものとなりましょう。

私は「神仏が支配されている世界で起きることは、どのようなことが起きても最後の最後には良きことになるしかない世界である」と信じています。ですから自殺という行為も唯物論で見る視点と、三世を通して見る視点とでは違った見方になることも知って下さい。

さて「親なる神仏は背負うに背負えない荷物は与えられない」という観点を以てこの世的には不遇とも思える状態で生まれてくる人達のことを考えてみます。まず私達は自由意思の下、生まれる一切の条件は自らが望んで出てきていると言いました。

たとえばある人が障害を持つ人として生まれた場合、その子と両親との関係はベストの組み合わせで出てきていると言えます。すなわち健常な子供でさえ育てるのが大変なのに、ハンディを背負った子供でも育てられるだけの力を持つ親を選んで出てきていると言えるのです。まさに深い縁で結ばれた親子のように感じます。

そして人生において試練や苦難が訪れた時、親なる神仏に絶対の信頼を置いている人は丁度幼子が両親から頂いた試練に駄々をこねるように神仏に駄々をこねて甘えることもできます。皆様も幼子の時に両親に駄々をこねた経験があるでしょう。

でも両親は心から怒りの態度を示されたでしょうか。たとえ厳しい言葉で叱っていても、心の中まで怒っている両親はいないはずです。人間の両親でさえそうなのですから、神仏に対していくら文句を言っても神仏が怒られる訳がないでしょう。

ですから、もし試練が訪れたら神仏に対して言うのです。「なぜ私にこのような試練を与えるのですか、私を含め家族がこの苦しみの感情を体験することをよしとされているのですか、貴方は私達のこの苦しみや、悲しみや、辛い心を知っているのでしょう、それでもこの感情を味わえと言うのなら味わいますよ、味わえばいいのでしょう」と神仏に文句を言ってみてください。苦しい時はどうぞ寺社に来て仏像の前で大きく声を出して徹底的に感情を吐露して下さい。親なる存在の神仏に、また偉大なる魂の兄弟姉妹である諸如来諸菩薩の方々に自分の感情を聞いて頂くのです。いま魂の兄弟姉妹という表現を使いましたが、各諸如来諸菩薩の方々も私達と同じ偉大なる根本神仏である神から産まれた存在です。私達もその神から産まれた存在です。そのため私達も諸如来諸菩薩の方々も親は同じです。同じ親から産まれた存在を何と呼びますか、兄弟であり姉妹ですね。

どうか諸如来諸菩薩に対しては尊敬する偉大な兄弟や姉妹のような感覚で接して下さい。もし諸如来や諸菩薩の方々に対してそのような感情を持てないとするなら、それは宗教家のせいです。これについては次の人間と神仏を分ける罪という所で話をしますが、ともかく神仏に今の悲しみや、苦しみの感情をぶつけてみて下さい。それを聞いてもらっただけで心は落ち着いていくのです。親である神仏が魂を大きくするために与えられた試練による苦しみや悲しみの感情には抵抗してはいけません。ましてやその悲しみや苦しみからただ逃れたくて神仏にお救い下さいと祈っても、それをお与えになった神仏には応えていただけるはずもなく、本人が受け入れるまでより一層その感情で苦しむことになります。神仏から与えられた苦しみや悲しみには逆らわないことです。受け入れなければならないときは、もうあるがままに受け入れてどっぷりと味わうのです。

そして縁起の法でもお話しましたが、その縁を受けているいまの状態がその人にとって人生におけるまた新たなスタートラインです。そのとき神仏に、「わかりました。この試練による苦しみと悲しみを味わったらいいのでしょう。この悲しみと苦しみをスタートラインとしてこれから頑張っていきますから神仏よ私を応援して下さい」と言うのです。このような心で祈ったとき、神仏は手を差しのべてくださるでしょう。そしてその人がその試練を味わい学びきったとき、偉大なる諸如来諸菩薩の方々も涙を流しながら「よく頑張ったね」という思いで私達をご覧になるものと確信しています。

ともかく再度申し上げます。親なる神仏と私達の魂との関係は地上界での親子関係を遙かに、はるかに超えた慈悲と愛の関係です。この世では地位もあり、立派な大人であってもその魂と神仏との関係は大人と未熟な赤子のようなものです。

そこで皆さんにお尋ねします。赤子の未熟は悪ですか。ただ未熟なだけです。どうか皆様も子供が親に甘えるように良い意味で神仏に甘えてみて下さい。甘えることができない人はまだ神仏との親子関係と申しましょうか、信頼関係ができ上がっていないからだと思います。悲しくて辛くて苦しい時は救いを求めるだけでなく、遠慮なく良い意味で神仏に文句を言ってみて下さい、甘えてみて下さい。そのとき神仏は貴方をギュッと抱きしめて下さるでしょう。

神仏をもっと身近に感じましょう、神仏と人間を切り離す罪

皆様は神仏を感じるには厳しい修行や難しい経文などを理解しなければならないと思っておられないでしょうか。そう思っている人はその思いどおりになるでしょう。また逆に厳しい修行をしなくても神仏を感じることができると思っている人は、その思いどおりになるでしょう。これが心の法則のようです。

ただ後者の意見を述べた時、この世の二分法にどっぷりと浸っている方はそんな楽をして神仏を感じるなんて信じられないと言われると思います。

でもよく注意して読んで頂きたいのですが、厳しい修行をしなくてもいいとは表現していますが、楽をしていいとは書いていません。このような二分法の思考パターンにはまっている人はたとえば「良いことをしなくてもいい」と言いますと「悪いことをしてもいいのです

か」という問いかけが返ってきます。すなわち良いか悪いか、好きか嫌いか、というような二分法的な生き方の方がわかりやすいので、それが普通になってしまっているのです。

お釈迦様は修行する方法は苦でもなく楽でもなく、中道の調和されたものでなければならないとされましたが、仏陀滅後の仏教において仏道を成就するために厳しい修行や学問を修めなければならないように理解されているのは、そこに何らかの意図を感じます。

当初お釈迦様が法を説かれていた頃、仏教徒になるためには、まず三宝（仏、法、僧団）に帰依することが最低条件とされました。

まず仏とは法を説く仏陀（釈迦牟尼仏）を信じるか、次にその仏陀の説かれる法を信じるか、そして僧団の規律に従うか、この三つを誓うことを以て戒名（僧名）をいただき仏陀教団に入ることが許されました。

また僧団に入らずとも在家のままで信者になることも許されており、この場合は三宝に帰依することはもちろんですが、その規律は不殺生、不偸盗、不邪淫、不妄語、不飲酒、の五戒を守ればよいことになっていました。

その後、僧団には帰依するものが増えてくるに従い、中には僧団の規律を乱すような者も出てきて、やむをえず僧団内規律というものが作られて、男性には二百五十戒、女性には三百四十八戒の戒律が授けられるようになったのです。このように多くの戒律をもってなされてきた仏教が長い年月を経て日本に伝わって来たとき、この戒律的であることが特定の階層の人達に、意識的であるなしに関わらずうまく利用されてきたように思います。

すなわち、現代では一般の人達には到底まもることもできないような多くの戒律を示すことで、それを示した人達自身が完全にそれを守っているか否かを問わず、一般大衆には「あの人達は私達とは違う厳しい戒律の下に修行しておられる特別な人」という印象を与えて、かつその特別さを示すために、僧侶は日常の姿を一般の人達とは違う姿で生活をします。

たとえば僧侶の剃髪です。もし神仏に近づくために本来頭髪が不要なら神仏は創造当初から人間には頭髪がない姿として創られたはずです。まあ剃髪は執着を断って生きる心構えを示すものとしては良いとしても。

次に過去にあった戒律で一番不自然なものは、僧侶は妻帯しないという戒律です。もし人々が神仏にたどり着く近道として夫婦生活を否定したらどうでしょうか、人類は滅亡していきます。

また、健全なるセックスを不浄なものとすると、人間は誰も不浄行為から生まれ出た不浄な存在になります。本来仏教は「人間として当たり前に生きるなかで、自らが神仏の子であることに目覚めるための教え」であったのですが、この戒律的な側面が人々に「私達はあの僧侶の方たちのように、到底戒律を守って生きることはできないから自分自身では直接神仏に近づくことはできない、あの戒律を守っている神仏近き方々を通じて救ってもらおう」という認識を植えつけていったようです。やがて神仏とはそのような厳しい戒律を守らねば接することのできない畏れ多い存在となり、そのような神仏と衆生とを仲介する宗教者の立場は揺るぎないものとなりました。

このように宗教者達が「私達は一般人とは違う」という印象を与えつづける限り人々と神仏の差は縮まらないでしょう。

しかし、神仏と衆生を切り離し、人間を弱い者として神仏に救ってもらわねばならない存在にしてしまう罪は大きいと思います。

たしかに救って下さるという言葉の響きは自分が弱いと思っている人にとっては心地よくその心をくすぐります。そして結果的に巷で広まっている信仰は救いという御利益を求める信仰になり、救って頂くために宗教者にお願いして祈って頂くという形態ができ上がっています。

しかし本来、神仏への祈りはその本人がすればよいものです。そのお祈りの仕方を教授して一人一人が御仏と繋がっていることの真実に目覚めさせるのが宗教者の役割ではないでしょうか。

昨今、御利益信仰を信じる人達の言動には不思議に思うことがよくあります。それは神仏から御利益を頂きたいはずなのに、なぜかその神仏に対し失礼な言葉や態度を示す人が多いからです。

たとえば当方は山上のお寺ですが「楽をして登ったらお蔭がない」とか、また登り終えた時「ああこれでお蔭があるで」という言葉を聞くのです。この心は「これだけ苦行をしたから御利益を頂く」という取引をする心です。

また「あそこの神様は御利益がないけどこちらの神様は御利益がある」とこともあろうに神様を差別しています。

なんて傲慢な恐ろしい心でしょうか。御利益を宣伝する宗教家に惑わされてはいけません。もしある人が神に通じる真なる心で祈ったら場所など関係なくその祈りは聞き届けられるのです。このような方向に人々を導いた罪は非常に大きいと感じます。

神と諸如来諸菩薩と繋がって生きるには

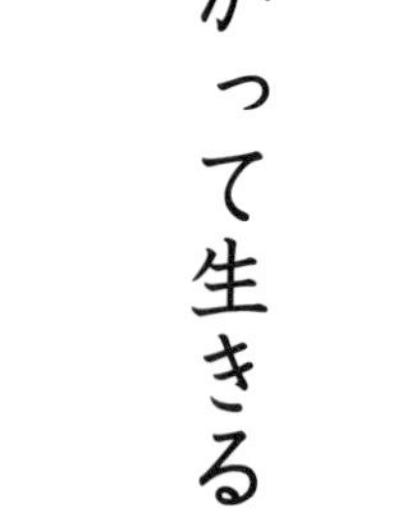

この表題の書き方は神理からすると間違っています。それはもう繋がっているからです。しかしそれに気がつかないのが人間なのです。頭で知るのではなく実感として繋がっていることに気がつくことです。

さて私が神ということばをどのような意味で使っているかは先に述べたとおりですが、その神と表裏一体のごとき悟りに到達されているのが大天使や諸如来諸菩薩と呼ばれる方々です。

そのような方々の心境を私が推し量ることは無理なのですが、敢えて私なりに想像しますと、大天使や諸如来諸菩薩の方々は神と同じ慈悲と愛の心があり、ご自身が神であることへの感謝と感動に充ち満ちておられるのではないかと察します。

このような方々と通じ合うには、私達もその足下にも及ばないとしても、いま生命あることへの感謝と感動の心になっていくのが一番近道だと感じます。それゆえいつも法話で申し上げているのは、感謝こそ神仏と繋がる架け橋であるということです。この心の状態になったとき、自動的に神の波動と通じて現象も現れるのです。その些細な体験例として恥ずかしながら私自身のことをお話しします。

それは突然やってきました。胸の中央から背中まで何かで貫かれたような痛みでした。そう、それは心筋梗塞だったのです。救急処置室に運ばれた私は強い痛みの中でも意識はありましたのでお医者さんと妻が話す会話が聞こえていました。お医者さんが言うには「ご主人の心臓は典型的な心筋梗塞の症状を示しており、いつ止まってもおかしくない状態です。心臓がもつかどうかは五分五分です」などと話をしていました。激しい痛みの中でも妻とお医者さんとの会話を聞いた私はもしかしたら、死ぬかもしれない、と思いました。

そこで痛みは痛みとして大変だったのですが、何とか声を絞り出して妻に対して言いました。

「今まで有り難う迷惑をかけてゴメン。またもしものことになれば大変な迷惑を掛けることになるがゴメン。そしてもし死んだ時のお葬式の導師は○○寺さんに頼むように」

こう言って手術室に入ったのです。本当に苦しい体験でした。妻には死んだらゴメンナサイと言ってはいましたが、本音を言うと、もし手術がうまく行かなくてその結果が死であったとしても、ともかくこの激しい痛みから解放されるのなら、それでもいいという思いがよぎったのも事実です。

そして私はカテーテルが通されて血管にはステント処置がなされて無事に手術は成功しました。ようやくあの激痛から解放されたのです。その後は術後の集中治療室に運ばれたのですが、そのときまたお医者さんから「手術は無事終えましたが貴方の心臓はまだまだ安心できる状態ではありません。人によっては傷んだ心臓の筋肉の壁が裂けて心臓が破裂することもあり、貴方にも十分それが起こる可能性があります。もしそうなれば私達は何もすることができません。そうならないために絶対安静の状態を保ち、体を動かして力を入れるようなことは絶対にしないで下さい」と言われました。

この言葉を聞くまでの私は手術が無事に終わり生命をつないだことにほっとしていました。そこに言われたのが先ほどの言葉です。

「心臓が破裂するってどういうことなのだ」

心の中に不安の思いが広がっていったのです。手術前の私はもしもの場合は死を覚悟していたのは事実です。

しかし、いざ手術が終わると折角手術も無事に成功して、これでもう死ななくても済んだのだという強い思いが私を支配していました。肝臓や腎臓などの臓器なら動いていることを直接感じることはできませんが、心臓の場合は脈拍を感じます。仰臥している私の耳の後あたりに脈拍を感じるのです。今のお医者さんの言葉を聞いたとたんこの脈拍がもしかしたら止まるかも知れないと思うと、今更この時点で死にたくない、まだまだ今世でしたいことがある。お願いだからどうか心臓よ、止まらないでくれと心臓に向かって一生懸命に念を送っていました。このような病気を招いた今までの不摂生を振り返り心臓に多大の迷惑を掛けていたことを詫び、また健康診断を勧める妻をはじめ家族の言葉に耳を貸さなかったことなどを詫びてただひたすら心臓にむかって止まらないで欲しいという念を送っていたのです。

さてこのような念を送りつづけていた時にふと心に思ったのは、いま私が念を送っている心臓は私の体の外にあるのではなく、自分の体の中にある自分のものではないか、自分の心臓なのにそれがいつ止まるかということがどうして自分自身がわからないのだ、ということです。その思いが私を支配していました。

人間とはそういうものだと言ってしまえばそれまでですが、ともかくいま病院のベッドに仰臥している私の耳の後で感じる脈拍は、私が意識するしないにかかわらず、黙々とその回数を刻み続けている。いったいこの心臓を動かしているのは誰なのか、私が動かしているという自意識はない、一体なにが動かしているのか、私の脳なのか、脳が心臓を動かしていると言っても心臓が止まれば脳に血液が行かなくなり脳が死ぬ。いったいこの体を動かしている主人公は誰なのだ。いったい誰が動かしているのだ、誰だ、誰だ、誰だという思いで心が一杯になっていました。

その時恥ずかしながら、日頃から自分が話をしていることを思い出したのです。でも人間っていざ生死にかかわる状態になって焦ってしまうとダメですね。平素、人間は神仏のエネルギーの中で生きていると説いておきながらこの様です（笑）。そしてそれに関連して弘法大師さまの次の言葉も思い出しました。それは「法身何くにかに在る、遠からず、即ち身なり」という言葉です。

この言葉の意味を説明しますと、法身とは大日如来のことであって、人格仏ではなく万生万物生命の根源である神と同義語です。真言宗では大日如来と呼ぶ存在です。すなわち弘法大師のこの言葉の意味は大宇宙大自然界万生万物の生命はこの大日如来の生命そのものであり人間の体の中にもその生命が脈々と息づいているのだという意味です。別な言い方をすると、貴方の体は貴方の体ではなく大日如来の体であるということを示しています。

このことを思い出したとき、自分の体を動かしているのは自分ではなくてこの法身という神そのものなのだ。全ては神の意に委ねられているのであって、私の体を動かしているのは神だという思いが湧いてまいりました。

そのとき、何とも言えぬ感情が出てまいりました。人はよく病気になって健康の有り難さがわかると言いますが、健康であろうと病気であろうと私のためにただ黙々と働いてくれている肉体諸器官に対して、病気になって健康の有り難みがわかるなんて言うのは、なんて傲慢な言い方なのだろうと感じました。

もちろんその言葉には、今まで自らの体の有り難さに対して感謝をしなかった反省の意味が込められたものであるのはわかりますが、ともかく病気になっても黙々と働いてくれている心臓の健気さに対する有り難さというか、感謝というか、申し訳ない思いというか、言葉に表しきれない感情一杯になっていたのです。

たしかに心臓に止まらないでくれと頼むのは、自分の正直な思いではあるのですが、ともかくいま黙々と頑張ってくれている心臓に対してありがとう、ありがとう、いままではゴメンナサイという感情で胸が一杯になりました。

そして私の身体を動かしているのが法身ならば私の心臓が止まるか止まらないかは全て法身に委ねます。（本当は委ねるも委ねないもないのですが）いまはただ感謝の思いで一杯ですという心境になりました。そしてこの委ねるというのは勝手にして下さいという意味ではなくて、もし心臓が止まるなら止まって頂いても結構です。今までどうもご苦労様でした有り難うございました。そしてもし動き続けて下さるのならそれを感謝で受け止めて生きていきます。ともかくこの心臓を、私の臓器を動かしている神のエネルギーと共にあることに感謝の思いで胸が一杯です、という状態でした。

よく神に生かされているという表現をします。たしかにそういう表現をする意味もわかりますが、私としては生かされているという受け身ではなく、神と共に生きている。ことばを変えて言えば、神が私という存在になって生きているという感覚でした。もうその時は嬉しさと感動と感謝の何ともいえない状態になり、涙が出てとまらなくなりました。もしいま看護師さんが来て私の顔を見たら、一体どうしたのかと思われても困ると思いながらただ涙を拭いていていました。

実はこの嬉しさと感動と感謝の状態になったとき、私は不思議な感覚に包まれていたのです。それは私の体が何かのエネルギーに包まれて、感覚としてはベッドから少し浮き上がったような感覚になったのです。私の体はたしかにベッドに寝ているのですが、感覚としては大きな風船の中に浮かんでいるというような状態でした。なんとも言えぬ安らぎの中浮いていたのです。本当に不思議な感覚でした。

その後私は術後の経過もよくて予定より早く退院したのですが、その最後の診察の時にお医者さんは「貴方ほどの心筋梗塞をした人の心電図には必ずその痕跡が残るのですがそれがないのです」と不思議そうに言われました。

私はその時、ベッドでのあの不思議な体験を思い出していました。あれは一つの神秘体験であったのだろう。本来なら考えられない状況が私の体のなかに起きているとするなら、あれしか考えられないという思いに至りました。実はこの心筋梗塞の前にも大怪我で手術をしたときも不思議な体験をしているのですが、またこれについては後ほど「祈り」ということをお話しするときにまたお話ししますのでご覧下さい。

今回のことで気がついたのは、神は常に私と共に存在していて、こちらが神の波動に合わせれば自動的に感応して現象が現れるということでした。その神の波動に合わせるというのが感動であり感謝であり、喜びの感情であるということに気がつきました。この神はすべての人の中に内在するということについては参考文40.をご覧下さい。

なおこの感動と感謝というのは神に感謝というのではありません。この神に感謝ということについてはその昔読んだパラマンサ・ヨガナンダ著『あるヨギの自叙伝』の中に書かれていた次の言葉を思い出します。それは「神に感謝というのは神との分離である。神と自分が一体ではないと信じている人の言葉だ」という言葉です。私はそのとき病院のベッドで自分の外に神を求めて祈ったり感謝をしたりしたのではなく、神のエネルギーと一緒にいる自分の状態に感動して感謝して喜んだのです。

そして病気になってつくづく感じたのは、今の科学でも作ることもできない肉体諸器官、これは素晴らしい神の被造物です。人はやれ国宝の仏像だとか、百年に一回ご開帳の仏像だとか聞くとこぞってその寺に参って拝んでいます。

しかしながら、たとえ国宝でもこの世の人間が作ったものであって、いま自らが宿っている肉体の構造と比べたらその素晴らしさの価値は雲泥のどころの差ではないと言えるのではないでしょうか、人間が作った仏像を拝むことを否定したりするつもりはないですが、真に拝んで崇めるべきなのは自分の体ではないかとつくづく感じたのです。

さて私は、神は自分の体の中にエネルギーとして働いておられると言いました。

ではこの神と表裏一体の境地にまで高められた天上界高次元の諸如来諸菩薩の方々の状態とはいかがなるものでしょうか。神とは大宇宙に遍満する偉大なる意識・エネルギーです。それと表裏一体なのですからその悟りの境地を表す言葉に宇宙即我というものがあります。

ではここで、宇宙即我の悟りについて私が如是我聞したことをお話しします。これは大宇宙の万生万物、全ての生命と一体であることを悟った状態をいいます。日本の過去の聖人でこの悟りを得られたのは私の知る限りでは空海こと弘法大師です。もちろん他にもおられるかとも思いますが、空海がその悟りを得たことの証明として、室戸岬の洞窟で瞑想をしていたとき明けの明星が自分の口の中に飛び込んできたという表現をしています。明けの明星とは金星のことです。あの金星が自分の体の中に入ってきたと表現しているのです。これは何を意味するかというと、その時、空海は宇宙即我の悟りに到達されたということです。

ただ表現として口の中に飛び込んで来たとされているので誤解を招いているように思います。金星の体積はほぼ地球の八割くらいある大きな天体です。その天体が小さな人間の口に入る訳がありません。これは空海が瞑想中に心の曇りが取り除かれて本来の神の子の本質が現れて、その意識が宇宙大に広がり太陽系の金星が自分の体の中に入った状態になられたと理解するのが正解と思います。おそらく空海自身の体内に金星が入った感覚になられたので口から入ったというような表現にされたのだと思います。

この宇宙即我の悟りがわからない人達がその昔、空海の生涯を映画にしたとき、金星の見かけの大きさのまま空海の口の中に飛び込む映像になっていたので、今でもそれを思い出すとつい笑ってしまいます。なおこの宇宙即我の状況がわからないという人はこれも「ヨギの自叙伝」の中の、宇宙意識を経験する、という所に書いてありますので、ご覧頂いたらいいでしょう。

また参考文例の39.もご覧ください。著者はこの境地を臨死体験中に異次元の世界で体験されたようです。そしてこの宇宙即我という悟りは先にも言いましたように、宇宙に存在する全ての物、すべての生命と自分とは一体であるという悟りです。そういう状態を悟った訳です。「これは全ての生命と一体であるという心境になったという意味ではありません。心境という言葉はある状態になった精神状態のことを表しますが、悟りとはそうで在ることの状態に気がつくことです。

宇宙に存在する全てのものや全ての生命と自分が一体であるということは、その全てのものにはもちろん人間の肉体もそうですし私達の意識・魂・心もその中に含まれることになります。ですから私達の体の中に諸如来諸菩薩の生命が重複して宿っていることになりますその意味でも過去の偉大なる聖者は神を求めるならば自らの内に求めよと言われたのでしょう。ともあれ自分の体の中に神仏のエネルギーが流れていることのほんのささやかな気づき体験ですが、この度の病気でそれを体感できたことをたいへん感謝しています。

皆様は即身成仏という言葉を聞かれたことがあるでしょうか、この成仏という言葉をどう理解するかで大きく違ってまいります。成仏を「仏に成る」と解釈した場合、身を以て即、仏に成るという訳ですから、仏になる前の自分は仏ではないという立場からの出発点になります。もう一つの解釈として成仏を「ほとけ成り」と解釈した場合、この身即ち仏成りとなって、もう已に最初から仏であるという立場からの出発です。

先に神仏の子は神仏と言いましたが、即身成仏の本来の意味は後者の方であったのではないかと思います。弘法大師が説かれた即身成仏は、その身で仏になれではなく、人間の本質は仏であるから、貴方はもう仏であることを悟りなさいという意味であったのではないでしょうか。

感謝は感謝をした人が幸せになるためのもの

ここでさらに感謝について考えてみたいと思います。よく感謝しなさいとか、感謝しなければいけない、というような言葉を聞きますが、今回の私の体験から感謝とは頭でするものではなく感情でするものであるとわかりました。有り難く思うことが感謝ではないこともわかりました。語弊を招くかもしれませんが、有り難いと思うことは感謝状態になる直前の状態と思います。有り難いと思って嬉しくなり心が感動してはじめて感謝と言えるのではないでしょうか。この度の体験でつくづくそれがわかりました。

よく親に感謝しなさいとか、先生に感謝しなさい、とか言われます。この言葉を聞く度になにか恩に着なさいと言われているように感じて仕方がなかったのですが、感謝とは有り難く思ったり考えたりするのではなく心で感じることです。

有り難くて有り難くて心が喜びに満ちて感動することです。その状態になれば神仏の波動と感応しやすくなることを体感しましたので、感謝はその状態になっている者が一番得をすることになると、声を大にして言いたいです。だから感謝しなければアカンとかいう表現はおかしいのです。感謝とは自分を幸せにする資本のようなものですから、たとえ些細なことからでも感謝状態に自分を導く回数を数多く重ねていくことが、自分にとって得になるでしょう。そのため誰かが感謝状態になっていたらその感情を削ぐようなことをしてはいけません。

そうであるのに過去、折角感謝して神仏の幸せ波動に入っている人に対して、それを帳消しにする失敗をしたことがあります。それは両足を事故でなくした女性が参拝に来られた時でした。当方は参詣道路を維持するために車で来た方から道路護持協力費を頂戴していますが、多くの方がこのお金を駐車場代と勘違いされます。駐車場代として頂くとそれは収益事業となりますので、感謝の布施という意味もある護持費とは意味が違います。

そこで、昔は歩いて登るしか方法がなかったこの山に、多くの方々の寄付を得て道路ができてそのお蔭で、今では車で楽に登って来られることへの感謝の心を持つことを話して、参道護持協力費本来の意味を知って頂くようにしています。

あるとき、この説明を聞き終えた人の次に並んでいた方が、その女性だったのです。付き添いの方と共に車椅子でお参りに来られていました。そして納経帳等の揮毫も終えてお布施を納められるときに参道協力費を添えて奉納されましたので、貴方様にはこのお金は結構ですといってお返ししようとしたのです。

するとどうしてですかと聞かれましたので、当方は身体に障害を持たれている方からはお受けしていませんと申し上げたのです。そのときその女性の顔が一瞬曇りました。今までの経験では普通そのように言うと、はいそうですかといってお金をしまわれます。

しかしその女性は違ったのです。何かそこに気まずい雰囲気を感じとりました。私は何かお気に障ることがございましたかとお尋ねしても、別になんでもありませんと言われるだけです。私はその何か悲しげな表情というか、その曇った表情のお顔がどうしても気になり、失礼かとも思いつつも再度言葉をかけました。その女性は何か凛とした感じの品のある方でした。こちらの思いをうけて下さり、そのお心を話して下さいました。その女性は参道護持費の説明を聞いておられ、このお山に車椅子でも登れたことに心から感謝をしておられたのです。その感謝の心をこめて出されたお金に対して、私が貴女は身体障害者だから要りませんと拒絶をしてしまったのです。

この真実がわかったとき、背中に冷や汗が流れたのを憶えています。私がしたことは感謝をしているその女性の幸せ感に水を掛ける行為であり、かつ強烈な身体障害者差別だったのです。この女性のお蔭で私にそれを気づかせてくださったことを感謝しています。

実はそれまで参道協力費を頂くときに本来の説明をしても身体障害者手帳を見せてそれを免除してくれという身体障害者の人と数多く接してきました。そのため、配慮として身体障害者の方々からは最初から頂戴しないことにしようと決めていたのです。そのためこの女性のような反応はまったく想定外でした。当方のような信仰の場においては障害者健常者と区別するのではなく一人の人としてどう接するか、一律に障害者に対して金額免除をすることが障害者への真の心遣いではないことを知る大きな学びでした。

現在は感謝の有り難さを痛感したものとして、感謝の心を起こすことはその人のためになることですから、当方の参道協力費もその感謝を体験できる一つの機会ですから、障害者とか健常者とかの区別をせずに接しています。

ここで布施ということについて考えてみましょう。布施とは感謝を表すものです。布施をすることに意義があるのではなく、布施をしようとする感謝の心に意義があります。布施はしてあげるものではなく、布施をしたいという感謝の心が神仏とつながり、布施をした人がより一層の幸せ感に浸るためにするものです。そのため敢えて言いますが、そのような機会を得た布施をする人の方からお礼はするものです。そして布施を受けた方は感謝の心を持って幸せになっていく布施者を讃えるのが筋道です。

なおこれは街角の募金活動なども同じことです。そういう活動をしている人達があればこそ自分が布施ができる幸せ感に浸れる機会を与えてくれているのです。その意味でどうか皆様には私が感謝状態になっただけで神仏とつながる奇跡を頂けたように機会があれば、どんどん感謝の心を起こして幸せになって頂きたいと思います。

なお、この話の最後に先ほど紹介した女性から素晴らしい言葉を頂きましたので、ここに記します。じつはこの項目はこの言葉を紹介したいがためにお話しした次第です。

「私は神様から哀れみを頂戴したら有り難くて胸が一杯になり涙が出ます。しかし同じ人間から哀れみを受けたら自らの尊厳が崩れて心が苦しみ生きて行く力が萎えてしまいます。しかし同じ人間から愛を受けたら心は喜びに満ちてさあ頑張ろうという気になります。ですから私はできる限り人を愛することに努めています」

なんと素晴らしい言葉でしょう。人を愛することを頭で考える知の領域でいろいろと考えてすると私のような間違いをします。愛とは心の感情領域でするものです。この言葉は人権問題や福祉に携わっている人には座右の銘にして頂きたい言葉です。

祈りは感謝と共にできる限り具体的に祈りましょう

これからお話をすることは心筋梗塞になるもっと前のことです。それは本堂の外で作業をしていたときに脚立から落下して膝の骨を骨折したのです。怪我の名前は脛骨高原骨折（脛骨プラトー骨折）というものでした。

私の場合脛骨の上部が五個に割れてしまい一部が陥没するなどの重傷でした。結果として、骨折箇所の骨を固定するためにプレートと八本のボルトが膝に埋め込まれました。手術前のインフォームド・コンセントの場においてお医者さんからは僧侶である貴方には言いにくいことですが、もう正座をすることはおそらく無理だと思って下さいと言われました。本当にたいへんなことをしてしまったと、深く後悔をしていましたが後悔していても仕方がないので、ただただ手術が無事に行われるように願うだけでした。

その手術をする前に精神世界の探究をしている仲間からあることをいわれました。それはまず手術をするまでに、自分の肉体細胞によくお詫びとお願いしましょうということでした。それは自分の不注意で脚立から落下したお蔭で自分の体には手術のためにメスが入ります。また骨にはボルトが埋め込まれます。そのとき体の細胞たちは一切なんの文句も言わずただ黙々と修復に努めてくれます。人間の体が傷を負ったときになぜ治るのか、その治ってくれる働きを当然とみるか、不思議とみるか、人体の神秘とみるか、人によってそれぞれ違うでしょうが、そこに心を向けましょうと言われたのです。

そこで私は自分の膝に対して「私の不注意でゴメンナサイ。これから手術をします。どうか許してください。また私の体の諸器官よ、手術も全身麻酔ですするとのことですから脳をはじめ内臓諸器官たちも協力をお願いします」とお願いしました。

さらにまた当方のご本尊である薬師如来への祈りもしていました。その祈り方なのですが、漠然として手術がうまく行きますようにと祈るのではなく、手術がうまく行くための具体的なビジョンを鮮明に構築して、御仏がこの祈りをお受け下さるか否かは別にして、必ずや構築したビジョンのとおりになってしまうことを確信して祈るのです。ですから神仏から光を頂くときのお祈りにしても、どうかできましたら私に光を下さいというような一歩引いた祈り方ではなく、いまから神仏の光を頂くのを当然のように確信して祈るのです。

大宇宙大神霊法身大日如来様
神の光を頂戴します。

大宇宙大神霊法身大日如来様
私の手術に際し、私の生命に神の光をお与え下さい。
私の肉体諸器官に神の光をお与え下さい。

天上界の諸如来諸菩薩の皆様
皆様から神の光を頂戴します。

私の生命に神の光をお与え下さい
私の肉体諸器官に神の光をお与え下さい。

天上界の諸天善神の皆様
皆様から神の光を頂戴します。
一切の魔から護って頂きます。
私の生命に神の光をお与え下さい。
私の肉体諸器官に神の光をお与え下さい。
私の手術中に一切の魔を払ってお護り下さい。

天上界の薬師如来様、並びに医療系霊団の皆様
これからお世話になります。

いま皆様の世界からこの地上に降りて医療に従事されている
医療スタッフの皆さんに心から感謝します。
どうか医療スタッフの皆さんに神の光をお与え下さい。
そして私の手術をする執刀医、助手、麻酔医、看護師、その他
手術にかかわる人達の意識を支配して、薬師如来様の御業で

私の手術をして頂きます。よろしくお願いします。
手術室にある一切の医療機器並びに薬などに宿る
万生万物の神の意識よ、
私の手術をするときに大調和であって下さい。
ご協力を感謝します。

私の肉体諸器官よ、いままでの人生にご協力を心から感謝します。
私の不注意で手術をするのでメスが入ることをお許し下さい。
手術後はただもくもくと修復のために働いて下さることに心から感謝します。
そしてあなた方の痛みをすべて受け入れます。
私の不注意を許して下さい。

なおこの祈りの文面をみるとおわかりのように仏を外に求めて祈っています。しかし、この祈りの時も神仏を慕い神仏に感謝、また手術を無条件で受け入れてくれる自分の身体に感謝をしていました。いま又このようなお祈りをするとしたら、各祈りの最初に私の身体と生命と共におわします大宇宙大神霊法身大日如来さま、有難うございますという感謝の言葉から祈りに入ります。

そしてお祈りする上で大事なのは天上界の諸如来諸菩薩の皆様は、その兄弟である地上の者からの頼み事を受けて断ることはないという大前提に立って祈りましょう。

でもこのように言いますと、私達がそのように祈っても祈りが叶えられないのは何故ですかと問われる方もいます。それは祈る側にそれをうけるだけの本当の準備ができていないか、または人生の試練のところで祈る側に何らかの課題があるためと思います。

ともかく右に示したような祈りを何度も祈っていました。お蔭さまで手術は無事成功裡に終わりました。そして普通なら全身麻酔が切れた時点で襲ってくる痛みがあまりなかったのです。とはいっても少なからず痛みはあったのですが、そのとき私の心では何を思っていたのかというと、痛いのは当たり前、この痛みこそ肉体細胞達たちの痛みであり、全ては私の不注意に責任があるわけだからこの痛みを私への罰として全て受け入れます。痛みに耐えるような抵抗はしませんからどうぞ罰として私を傷みで覆って下さいと祈っていたのです。それが功を奏したのかどうかわかりませんが、あまり痛みを感じなくなったのです。そのため鎮痛剤を一切服用していない私を見て看護師さんが驚いていました。おなじ整形外科病棟で私のような手術をして入院している人に聞くと麻酔が切れた後の痛みは大変だったようです。そしてまた手術の翌日の夕食時のことです。私がベッド上で膝を曲げてあぐらをかいて食事をしていると、丁度様子を見に来た主治医の先生が慌てた様子ですぐにあぐらを止めるようにと言われたのです。まだ手術をして一日しかたっていなくて骨も固まっていないときに膝に負担をかけるようなあぐらをかいてはいけないと言うのです。

そこで私はそれならそれと最初から言っておいてくださいよというと、主治医の先生が言われるには手術をした時に筋や皮下組織を触っているので、その翌日にあぐらをかくなんて想定外のことで本来有り得ないことです。ともかく手術をしたところに影響がでていたら困りますので明日早速もう一度レントゲン検査をしますとのことでした。

その時の私の思いとしては、自分の体に奇跡が起きていることには全く気がつかず、手術が折角無事に済んだのにいけないことをしてしまった。もし膝に無理がかかって変形などしていたらどうしようという思いで落ち込んでいました。翌日の検査の結果はお蔭さまで全く問題もなく、その後は予定どおりのリハビリが始まったのですが、術後およそ二週間経った頃には私の膝は普通に正座ができるまで曲がるようになっていました。そして退院する時に主治医から「貴方は正座ができるまで膝が曲がりますが膝の骨が完全に硬くなるまではまだまだ膝に無理な加重をかけることをしてはいけません。今後二ヶ月の間は正座をしないで下さい」と言われたのです。

その先生が言われるのに、いままで貴方のように複雑な脛骨高原骨折の手術をした人が退院するときには今後のリハビリ目標を書いて渡します。しかし長い医者経験の中で貴方のように禁止事項を書いたのははじめてで有り得ないことですと言われました。そして禁止期間が過ぎたあと私の膝にはプレートと八本のボルトが入ったまま平気で正座をしていました。なおそのボルトも一年半後にもう一度入院をして抜釘手術をしました。その時も先に示したお祈りをして手術を迎えたのはもちろんのことです。その時も全身麻酔での手術でしたが術後の痛みは耐えられないようなものではなく、比較的軽かったように思います。現在の私は一時間を越す正座でも平気でしています。

私は同じような手術をした症例をあとでいろいろと調べたとき、本当に恵まれて神仏から奇跡を頂いたものと感謝しています。そして祈りというのは感謝を土台にして心から祈ったときに真に通じるものと実感した次第です。今から思えば骨が固まるのには三ヶ月を要するとお医者さんは言っていましたが、これについても本当は奇跡的にもっとはやく固まっていたのではないかと思っています。

さて私が先に示した祈りの言葉は当方で病気平癒などのご祈禱をした人などにもお勧めしています。当方のご本尊は薬師如来ですから、癌に対するご祈禱もよくお受けします。そのときご祈禱後に必ず依頼者と対話の時間を持っています。そのとき必ずお聞きするのが、貴方は貴方の体はもちろんのこと万生万物に神仏の生命が宿ることを信じますかという問いです。ほとんどの方は「信じます」と言われます。本当にそのように信じているかを再度繰り返して聞いています。すると少しけげんな表情をなされます。そしてそのとき申し上げるのは、貴方の体の中にある癌細胞もその万生万物の中に含まれますよ、ということです。すると一瞬考える表情をされます。

そこで癌細胞にも生命があります。それが貴方の体に表れるのは縁起の法からすると縁という理由があって現れていることになります。その縁に善悪をつけないで下さい。貴方にはただ現れる縁があったのです。縁があった以上それを受け入れましょう。貴方はその癌と出会ったために、いままでは味わうことのなかった感情が出て来たはずです。ご自身はもとよりご家族の方ともいろんな思考や感情がどんどん出て来たはずです。それは癌に罹った人にしかわからない感情です。もちろん他の人もある程度癌患者の心を推し量ることができますが、それでもやはり当事者として感じる感情というものはその人にしかわからないものです。その感情体験は、魂の転生において掛け替えのない貴方にとっての体験学習となります。そこでそのような体験学習の機会を与えてくれた癌細胞にありがとうと言えますかと問うています。そして癌細胞である貴方のお蔭で貴重な体験を十分させて頂きました。そのため貴方に感謝しつつ医者の勧めにより貴方の摘出手術をしますがどうか受け入れて下さい。と祈りましょうと言っています。ですから先の祈りの言葉の前に、

癌細胞の皆さんありがとう。お蔭で大きな学びを得ました。
このたび医者の指示に従い貴方の摘出手術をします。
またその後は抗癌剤の治療もします。どうか私のすることを受け入れて下さい。
同じく肉体諸器官よ、私の人生行路の修行にご協力有り難うございます。
その後の抗癌剤の治療においては皆様にとっても苦しい状態になりますが、
どうかご協力をお願いします。

と心からお祈りをしてから、先に示した祈りをして頂くようにお願いしています。もちろんこれらの祈りはそれぞれの病気や怪我などに合わせて自由に文言を変えて頂くことを

伝えてお祈りの例文をお渡しししています。

なおこの祈りをするときの注意点は、この祈りをすると効果があるから祈るというような心で祈るとダメなので、ただ純粋に感謝の心を込めて祈って下さいと言っています。そして祈りの結果に対しては全てを受け入れること、決してその結果に対して良し悪しのジャッジをしないことをお願いししています。

お蔭さまで、当方でご祈禱した方の中には手術の予後の良い方も多く、また人によっては抗癌剤点滴の最中に食べ物を口にするなど普通では考えられないようなことをした人もいます。もちろん全ての人が望む結果を受けている訳ではありませんが、ともかく心からの感謝の祈りはそれなりの奇跡も体験できることを確信しています。

またある人はステージが一から二程度の乳癌だったのが、この感謝の祈りをしていていざ手術当日になるとその癌が消えていた人も現れています。また膝に人工関節を入れた七十代の女性ですが、この人も今までこの膝が悪いのでという表現をされていたのを改めて、「膝さんが痛いのは膝さん自身が一番辛い思いをしているのだから、いままで膝が悪いという表現をしていてゴメンナサイ。いままでの人生にご協力頂いてありがとう。これから貴方を切り離して人工関節にしてしまいますが許してくださいね。どうかご協力して下さいね。本当にいままでありがとう。ありがとう」という思いで膝を擦りながら膝に語りかけておられたのです。そして手術の時は先の祈りを捧げられました。

その結果は非常に順調で手術後も私と同じように痛みもあまりなくて鎮痛剤を使おうとしないその女性に看護師が不思議がっていたとのこと。そして術後に同じ手術をした人達が麻酔が切れた後の痛みの辛さを話合っているときに、自分にはそのようなことがなかったと言ったら、まるで仲間外れのようにされたと笑っておられました。その他にも股関節の手術をした人からも痛みが少なかったという話やその他内臓諸器官の手術をした人などからも嬉しい話を聞いています。このような人達は後で住職さんのお蔭でお蔭を頂きました感謝しますと言われたりしますが、その時にいつも言っているのは、私の話はあくまでも貴方と私との縁であり、その縁のもとに私のいうことを受け入れて実践されたのは貴方自身です。人によっては私の話を聞いてもそんな祈りで左右されるのなら医療などいらないと言って受け入れない人もいるのです。貴方が貴方を救ったのですとお話ししています。

なお今回このようなことをこの本に書くのを少しためらいました。それは先にも言いましたように、感謝の心で具体的に祈ったらそれなりの効果があるのですが、その効果を期待して祈ったら何の効果もないからです。ですから病気や怪我などで神仏に祈る時は、まず自分に現れた現象にはすべて縁という理由があって体験していることを受け入れること。そして事故に対しても、自分の体に対しても、病気に対しても、感謝の心を素直に持って祈ることが大切です。

いま思えばこれまでの私の体験は、まず脛骨高原骨折というかなり重傷な体験を通じて、ある意味、神仏を自分の外に求めての祈りではあっても心からの感謝をもって祈れば神仏に通じて奇跡を頂けることを体験させておいてから、その上に、さらにもう一つ上の祈りとして、神仏はもうすでに自分の体と意識の中に共に存在することを体感させるために、祈りを超えた感謝そのものだけでたちまちに神仏と通じることを体験させる目的で心筋梗塞にして頂いたように感じています。

心筋梗塞で病院のベッドで寝ていた時、私は特別なことは何もしていません。救って頂くためにお経を唱えていた訳でもありませんし、特に仏具を持っていた訳ではありません、特別なお作法をしていた訳でもありません。ただただ神仏への感謝というか、神仏の生命と共に在る存在であることへの感動と感謝の心のみだったのです。そえゆえ皆様に自信をもって「誰でも純粋に感謝状態になって心から祈れば、時と場所を選ばすにどこでも神仏と通じて感応することができる」と申し上げます。でもあまりこれを言うと、僧侶の人達からは反発があるかもしれませんね。なぜならお寺に行かなくてもどこで祈っても神仏に通じることになる訳ですからお寺に行かなくてもいいということになります。

でも真理ではそう言わざるをえません。お釈迦様も遊行しながら時と場所を選ばずに神仏と常に一体であられました。でも真理はたしかにそうではあるのですが、普通の私達ではやはり聖地と言われる場所に行ってこそお祈りすることができるという一面があるのは事実です。その意味では寺社の存在は必要でしょう。そしてまた神仏にお祈りをする上で仏具法具やお作法は要らなかったといっても、もしある人がそれらを使うことで神仏と通じやすくなるというのであるならば、それはそれで有用なものとなります。

しかしながらその作法どおりにやらなければならないとか、この仏具を使わなくてはならないとか、作法や仏具に囚われてしまうと神理から外れます。

私が思いますに、お寺本来の仕事とは、そこで仏法を学んで純粋な感謝状態になれる自分を作り上げること。そして時と場所を選ばずにどこで祈っても神仏と通じることのできる人作りをする場所がお寺であると思っています。当方のお寺もそのような学びの場として使って頂けることを願っています。

限りなく自分を愛しましょう。決して後悔はしない、裁かない

私たちは、あの世からこの地上界でしか味わえない体験をするために生まれて来ていると申しました。そこで皆さんに問いかけます。皆さんは今までの人生体験を振り返っていかがでしょうか。それぞれの体験をするにあたっては、その前にその体験をする縁の種をまいた自分があるはずです。

たとえば、事故に遭うような体験をしたくなかったといっても、その体験をする時と場所にみずからを導いたのは自分自身ではないでしょうか。

人生とは瞬間瞬間の取捨選択の連続です。そしてその取捨選択をするときに自分にとって不都合になるように選択する人は誰もいないということです。すべては自分がしたいことを選択したはずです。ただその選択を月日が経ってから振り返ったらあのような選択を

しなかったら良かったということもあるでしょうが、でもその時の自分の判断としてはこの選択が良いと思ってしたはずです。

もちろん取捨選択のなかにはこのような選択をしたら悪いことになるとわかっていながら、選択したこともあるでしょう。ことに嗜好関係などにおいてはよくあるのではないでしょうか。でも悪いとはわかっていながらその選択をすることで得られる何らかの満足感などを得たかったはずです。

それを振り返って後悔している人がおられたらその方に申し上げます。その時の判断をした自分を愚かであったと判断せずに、神仏の幼子のところでも言いましたように、未熟であったと判断しましょう。未熟は悪でも愚かでもありません。親が幼き我が子の未熟を愛するように未熟な自分を愛しましょう。

まずは未熟と認識することが大切です。なかには永遠に未熟なまま人生を終えてあの世に帰る人もいるでしょうが、それはそれで良しです。後で十二因縁の所で話をしますが、大部分の人間はみんなそういうものなのだとお釈迦様は説いておられます。もちろんそのままでは人間として、神仏の子としての成長がないからと人生の目的と使命を知りなさいという意味で十二因縁を説かれている訳ですが、ともかくその未熟から一歩踏み出して成長していく決意を持つことが求められるでしょう。

思いますに、自分が取捨選択したことに後悔の念を持つというのは自分を愛する念ではなく、裁いている念ではないでしょうか。後悔はもうその過去には戻れないという時間の座標軸でみても無駄です。ただ私が後悔をしないと言っているのは、未熟ゆえに失敗をした子供を親が抱きしめるように、自分で自分を抱きしめましょうという意味で言っています。自分を裁かないで愛しましょうという意味で言っています。

少し話が横にそれますが、「いま失敗をした子供を抱きしめましょう」と言いましたが、その他にも失敗を恐れるなという言葉がよく使われます。失敗はしてもいいからガンバレと言って子供を励ましている人を見ます。これを言っている人には何も問題はないのですが、それを聞いた方が問題をつくることが多いような面を見るときがあります。

そもそも失敗とはなんでしょうか。これをしたら絶対にこうなると確信して物事にあたり、その結果現れたものが思い通りにならなかった時に失敗したと思います。

しかしながら、物事に当たるにおいて心の片隅に少しでも失敗してもいいからという思いがありますと、その思いのエネルギーが具現して思い通りにならない結果が現れてくるように思います。

その昔、エジソンは実験をするにおいて失敗をしてもいいからというような心は一切なく、この方法で実験したら必ず思い通りになると確信して実験したはずです。そしてあの有名な、「失敗は成功の母」という格言を示したのです。彼には失敗したことへの後悔も自分を裁く心もなかったと思います。

それゆえ人生における自分の取捨選択で思いに反する結果が現れたときには後悔をする間があったらまずはその自分を愛して抱きしめてあげましょう。

さて、皆さんはいままでの人生において「本当はこのようなことはしたくないのに嫌々仕方なくしている」というような思いを持たれたことはないでしょうか。たとえば地域の会合などに参加するときなど、本当は参加したくないのに参加しているような経験はないでしょうか。

しかし、自分自身の今の行動を認めないことは二重人格です。一つの魂で「したい」というエネルギーと「したくない」というエネルギーを出しますと苦しむのは自分自身になります。たしかに私も「この会合には忙しいので出たくないのに」などという感情が当然出る時があります。また頼まれた役職を断りきれずにお受けすることもあります。

ただ、いざ受けた以上は「いま現在の自分の人間関係等を考えればこの会合に出ることが、この役職を受けることが最善最良の判断であると思って行動しているのだから」と自分を応援することにしています。

そうではなくてもし嫌々しているというような負のエネルギーを出していると自分だけがその負の中にいるのならいいですが、その負のエネルギーが周りを不幸にします。自分が気に入らないからといって、周りを不幸にすることは許されません。このような心がけをすることで日々の生活の中で、さらには仕事の中で、「嫌々している」という心の働きが無くなっていけば相当幸福な人生が現れてくるのではないでしょうか。

なお、嫌々しているという心の働きを止めることは好きになるということではありません。好きとか嫌いという二分法の価値観を離れて自他を調和する中道の心で目の前のことを淡々と処理していきましょうということです。そしてそのような役職とかその仕事から本当に離れたいと思うなら、ただ淡々と新たなステップを求めて行くというのがこの考え方です。

さて、私はいま公的団体の代表者をしていますが、他人様に何か役をお願いする時に思うことがあります。あるとき一つの組織の次年度役員を決めるときに次のように話す人がいました。

「このような手間と時間を費やす役職、ある意味しんどい目をするのは平等に分担しなければならない。特定の人だけがしんどい思いをするのはいけない」

これはよく聞く平等負担の理論ですが、このようなしんどい目は誰も平等にしなければならないという思いを持って次期役員を頼みにいくとしたら、それは相手に対して楽しさや喜び感を与えるために行くのではなく、しんどい目をさせるために行く訳ですから、それは天使ではなく悪魔の使者になります。そのような使者から役職を受け継いだとするとそれはもう苦しみでしかありません。それはまさに不幸のバラマキです。

このようなことはいろんな組織にも当てはまることでしょうが、その組織の次期役員を頼むときには悪魔の使者ではなく天使の使者として行けるように、組織の活動そのものを工夫する必要もあるのではないでしょうか。

昨今、誰でも役員ができるような方法や手段ばかりに手をつけて組織改革がなされるときがありますが、真の改革とはその組織に属している人達に喜びと感謝の心が湧いてくるような活動を心がけるべきと思います。そしてそれはその活動に関して他の人から良い評価を受けるとか、功績を残すとかいうものではありません。他人様からの評価を気にすることなく、それに参加している人達に幸福感と感謝があるかないか、それが一番重要です。

そのような心で活動をしていると目に見えない世界からの応援もうけやすいと思う次第です。

ともかく幸せ感というものは、他人が与えてくれるものではなく、自分自身で感じていくものですから、たとえ環境が厳しくとも、たとえ体が病気などで不自由であっても、幸福感と感謝の気持ちになるかならないかはその人の自由です。この幸福感と感謝状態の心境になった人は大きな得をします。そのために幸福感を阻害するものがあればそれを一つ一つ手放していくことでしょう。あれがあったら幸せとか、こういう状態になったら幸せとか、幸せに条件をつけていたとするとなかなか手放すのは難しいのではないでしょうか。

私などは心臓からのカテーテルを通じて検査器に繋がれたままベッドに寝かされて全く身動きも取れず、しかも、もしかしたら死ぬかも知れないという最悪の状態で素晴らしい幸福感に満たされたのですから。条件を付けない無条件の幸福を目指すことが限りなく自分を愛することではないでしょうか。

経文を唱える時の順序と心構えについて

さて昨今経文を見て疑問に思うことがあります。それは真言宗系の仏前勤行次第などを見てみますと、昔は、開経偈、懺悔文、三帰、三竟、十善戒、発菩提真言、三摩耶界真言の順番であったのが、今では懺悔文、三帰、三竟、十善戒、発菩提真言、三摩耶界真言、開経偈、になっているのです。これをある僧侶にお尋ねしたとき、こう言われました。

「私達は日々知らず知らずのうちに多くの罪を犯していくものです。それゆえ御仏の前に出て読経するときは日々に犯している罪を懺悔してから唱えるのが御仏に対する礼儀です。そして次に御仏の道を歩んでいく三帰、三竟、十善戒の誓いを述べて菩提心を起こしてから御仏の法を謹んでお受けするという意味で最後に開経偈を唱えるのです」

なるほど一理あるように思うのですが、私としてはこの知らず知らずのうちに多くの罪を犯しますからまず懺悔からという言葉が心にひっかかり腑に落ちなかったのです。

本来懺悔とは、自分の罪を自覚してその罪を懺悔してこそ意味があるものです。無自覚の罪を懺悔して、何の意味があるのでしょうか。さらにまた自覚している罪の懺悔でも同じことですが、本来の懺悔とは口先だけでできるものではなく、自らの犯した罪と正面から向き合い、そのような罪深い自分を許して下さっている御仏に対して心からの感謝が湧いてきて真の懺悔と言えるのではないでしょうか。

このように昔と今とお経を唱える順番が変わってきた理由を私なりに考えました。この知らず知らずの内に多くの罪を犯している自分をまず懺悔してからという言い方は、感性ではなく頭で考えた知のみの考えで導き出された結果ではないかと感じています。このような考え方は謙虚なようで逆に何か良い子ぶるような傲慢な感じを受けてしまうのです。

たしかに私達は日々自覚無自覚を問わず、多くの罪を犯しているのは事実です。そのような私達に対して神は生命を奪ったりせず黙々と生命エネルギーを与え続けて下さっています。もう完全に許されているのです。もう許して下さっている神仏に対して、懺悔をして許してもらうというような感覚で懺悔文をとなえるなら、これほど神仏と離れた心はないのではないでしょうか。

このことに関しては参考文の13.と特に31. 32.をご覧になって下さい。神が私達をどのような目でご覧になっているかが書いてあります。神は人間への理解があり、人間各々のことを知り尽くされている。そして天上界を離れてその記憶をなくした状態で生きることがいかに過酷であるかをよく理解している神が人間を裁くと思いますか。すべてを許してくださっているのが神です。その許してくださっていることをよく理解した上で、神よ懺悔しますお許し下さい、ということであればいいのですが、本当に許しを乞うために懺悔をするというのならその人は神を信じていないことになります。人間は多くの罪を犯す不完全なものです。こんな罪深い私を許して下さっていることに心からの感謝を致します。この心が懺悔文を唱える時の真髄だと思います。

私達は神仏の子です。この親子関係を人間に当てはめると、自分の子供が親に向かって「不完全な私は、自分が気がつくと気がつかないに関係なく、いろんな所で多くの罪を犯しています。どうかお父さんお母さんお許し下さい」と言われて皆さんは胸が熱くなりますか。

これとは逆に「私はお父さんお母さんから生命を頂いたことを感謝しています。そして私は不完全なのであちらこちらで多くの罪を犯しているのに、お父さんお母さんはそのような私をいつも愛の心で包んで頂き感謝しています。お父さんお母さんありがとう」と言われたらどうですか。

前者の方は一見知的で賢い子供の言葉です。しかし、後者の子供の言葉と比べたらどちらのほうが胸を熱くするかを考えて下さい。

この「お父さんお母さん」というところを神仏と置き換えてみましょう。そうすればもうお祈りの順序もわかってまいります。ともかく神仏から甚深微妙の法を頂いたことが何よりも嬉しくて感謝します。そして神仏は不完全な私達をいつも慈悲と愛の心で包み許し心で見て下さっていること感謝します。そのことを深く心に刻んでこれから仏を信じてその法を守り、その法を実践されている僧の教えを受けて日々精進していきます、というのが神仏の心に添う祈り方ではないでしょうか。

前にも言いましたが、信仰とは知でするものではなく感性・感情の領域でするものです。信仰の世界を頭で考える知でこねくりまわさないで頂きたいと思います。

さて、人間は自覚無自覚のうちに多くの罪を犯す不完全なものであるということに関して、私は親鸞の考え方に共感しています。私なりに理解している親鸞とは、まず人間とはもともと不完全なものなのであるから、この世を善人として生きようと思っても完全に善人として生きることはできないものである。それを傲慢になって人間は百パーセント完全に正しく生きなければならないと頑張っている人は人間の本質を知らない人である。極端な言い方をすれば、完全に生きることができない人間は完全ではないからもともと悪人であるという意味で、悪人正機説を唱えられたと理解しています。また自分が日々に善根を積むことによって極楽に往生しようとする行為（自力作善）は、どんな悪人も平等に救済するという阿弥陀如来の誓願を信じない人達であってまさに不信心な人達であるとされたのです。ただこれを誤解して悪人こそが救われると思った人もあったようです。

ともかく阿弥陀如来は人間の弱い所もすべて知っておられて、すべての人間をその懐の中に抱いておられるのだ。その懐の中に抱かれていながら、いまさら善い行いも悪い行いもないではないかという阿弥陀如来を信じる親鸞の確固たる信念と不完全な人間を認めて、それを愛する親鸞の深い人間愛を感じるのです。

もしいま親鸞が現世に生きておられて、読経する順番はまず懺悔文からと言っているような人に対してはこの不信心者めが、と一喝されるのではないでしょうか。そのようなことを言う暇《ヒマ》があるなら、阿弥陀如来の懐に抱かれていることに心からの深甚なる感謝の意を込めて南無阿弥陀仏と唱えて阿弥陀様に抱かれている心で日々を生きなさいと言われると思います。

般若心経の内容について

では、これから般若心経について解説を致します。なおその解説においては先に紹介したエベン・アレグサンダー氏の著書に書かれている内容と照らし合わせながら解説していきます。これまで臨死体験をした人が異次元の様子を記した本と般若心経に説かれている仏教真理とを照らし合わせたような般若心経の解説書はないと思います。どうか今までの既成概念を白紙にしてお読み頂いたら幸いです。

摩訶般若波羅蜜多心経

まず般若心経は梵語と漢文が混合しています。最初の摩訶も波羅蜜多も梵語（古代サンスクリット語）のマハーとパーラミターという発音にその音に似た漢字を当てはめたものです。そのため、漢字の意味だけでその内容を知ろうとすると意味がわからなくなります。

なおこの般若心経の表題においては、摩訶般若波羅蜜多心経の最初に仏説という言葉をつける場合があります。この場合の仏とは仏陀のことを意味します。なお仏陀というのは悟った人の総称ですが、般若心経の場合はお釈迦様を指します。この表題をサンスクリット語の発音を紹介しながらその意味を示します

「マハー　プラジュニャー　パーラミター　フリダヤ　スートラ」が梵語の発音です。マハーとは梵語では偉大なという意味で、マハーラージャなどとして使われている梵語です。この発音に摩訶という漢字を当てはめました。次にプラジュニャーという梵語の意味を漢訳では般若という言葉にしました。このプラジュニャーという梵語は、こんこんと湧き出る無限の智恵という意味です。そしてパーラミターとはその知恵の源である悟りの境地を意味します。お釈迦様はガンジスの川のほとりに立ち、川の向こう側の岸を指さして彼岸を悟りの境地または天上界に喩えて話をされました。そして自分達が立っている岸辺を此岸と称されました。そこで悟りの境地を表すこのハラミタという音に波羅蜜多という音の漢字を当てはめて、その意味を彼岸としたのです。そしてその次のフリダヤとは真髄のという意味なので心という漢字を当てはめました。最後のスートラという梵字は経文という意味ですから経という漢字が当てはめられています。これが般若心経の経題です。

ですから経題を直訳すると、仏陀が説かれた偉大なる智恵が湧き出でる彼岸という悟りの境地に到達するための真髄の教えということになります。

観自在菩薩行深般若波羅蜜多時

口語訳

観自在菩薩が深い悟りの境地に到達されたとき

この観自在菩薩というのは原文ではアボローキティシュバラーと書かれています。この意味は観音様という意味ではなく、大いなる悟りに到達した覚者の存在を表しています。ではここで「悟り」とは何か、覚者は何を悟っているのか、それがわからなければスタートラインに着くことができません。

まず悟りという文字を見てみましょう。漢字というものはよくできたもので文字をみたらその意味がわかります　悟りという字は立心偏に吾と書きます。すなわち悟りとは自分が何者なのかがわかってしまった心の状態（自分が神仏の生命であることの自覚）を指します。

また、自分の周りの世界についても、私はこのように感じますとか、このように理解していますという捉え方ではなくて、〝あぁそうだったのかわかっちゃった〟という感覚です。そのわかっちゃったというのは頭で理解してわかったというのではなく、本当にそれを実感するという感覚でしょう。その時の感覚はわかったことへの喜びで充ち満ちていると思います。

その意味でここに紹介したい人があります。それはフランスの哲学者であり物理学者、思想家であり数学者、そしてまたキリスト教神学者であったブレーズ・パスカル（一六二三〜一六六二）です。

パスカルは突如として神の光に照らされる不思議な回心の経験をします。彼は地上にいながら次元を超越して神の存在を実感して満たされた体験をしていたようです。

彼がそのような体験をしていたことがわかったのは、彼の死後、彼の上着の裏に縫い込まれていた羊皮紙を召使いが偶然発見し、その紙に次のように書かれていたからです。

アブラハムと共に歩まれた神、
イサクと共に歩まれた神、
ヤコブと共に歩まれた神。

哲学者や学者の神ではない。
確実、確実、感動、歓喜、平安、この世も、何もかも忘れる。神の他は。
正しい父よ、この世はあなたを知っていません。しかし、私は　あなたを知りました。
歓喜、歓喜、歓喜、歓喜の涙。

と書かれていたのです。ここで示された神とは生ける神でありイエス・キリストが父と呼んだ神の存在です。その体験は言葉では言い表すことのできないもので、本当に喜び喜び喜び喜びの涙としか表現できなかったのでしょう。この喜び喜びというところは、感謝、感謝、感謝、感謝の涙、と言い換えることもできるのではないでしょうか。

おそらく彼は神とは何かがわかったとき、その神と自分との関連性がわかってしまって歓喜としか言いようのない心の状態になっていたのでしょう。何故なら彼は神を正しい父よと呼んでいます。父と呼ぶのはその子であるから父と呼ぶのです。ですから彼は自分が神の子、すなわち自分が神であることを悟ったのでしょう。

もしパスカルに貴方は神を信じますかと質問をしたらなら、きっと彼なら、私は神を信じるという境地ではなく神を知っていますと答えると思います。すなわち彼は回心の体験、すなわち〝悟り体験〟をしたのです。

なおこの〝悟る〟という意味と同じ意味で使われる言葉に〝目覚める〟という言葉があります。そのため悟った人のことを覚醒者（覚者）とも呼びます。その反対に悟りを得ていない人は目覚めていないのですから、眠っている人ということになります。つまり私達のことと言えましょう。多くの衆生は自分が何者であるかを知らず、ともかく生きて行かなければならないので、ただ生きるために食物を得て、ただ生きるために働いている状態の人達です。そこでこの悟った覚者とそうでない者達とのことについて弘法大師の著、般若心経秘鍵には次のように示されていますので、紹介します。

原文

夫仏法非遥心中即近　真如非外捨身何求　迷悟在我則発心即到　明暗非他則信修忽証
哀哉哀哉長眠子　苦哉痛哉狂酔人　痛狂笑不酔　酷睡嘲覚者
不曾訪医王之薬　何時見大日之光　至若翳障軽重覚悟遅速　機根不同性欲即異

「そもそも仏の真理ははるか遠くにあるのではなく、我々の心の中にあって正に近くにあるのである。全ての存在の真理は自分の外にあるものではなく、自身を捨ててどこに求めようとするのか。迷いとか悟りは自分の内部の問題であって悟りを求める心を本気で起こしさえすれば、すなわち悟りに到達するのである。明るい世界（悟り）と暗い世界（迷い）に住するか否かは全ては自分であり、信じて努力すればたちまち悟りの世界は開けてくるものである。何と哀れなことか哀れなことか。悟りの世界を知らずに長き眠りに入ってる者達よ。誠に苦しくて痛ましいのは迷いの世界に酔いしれている者達である。迷いの世界に酔ったものは酔わないものをあざ笑い、眠りこけている者は、目覚めている者を嘲る。名医を訪ねて良薬を手に入れなければ、いつまで経っても大日如来（大宇宙大神霊）の光明を見ることはできない。ただ病気においても重い・軽いがあるのと同じように、悟りを体得する上で速い・遅いがあるのも事実。能力や才能、性格や、やる気はみんな平等ではなく差があるのもまた事実である」という意味です。

この文の中に示されている「酔いしれている者、また眠りこけている者」こそ私達衆生のことです。なおその衆生にもその転生の中で積み重ねてきた資質によって差があります。

その差とはエベン・アレグサンダー氏の著書を読んでも「私は信じられないそんなのは幻覚であったかまたは作り話ではないか」と言って、否定する人とそうでない人との差です。

このように、自分の理解を超えた世界について、「～かもしれない」と受け入れることもできず完全否定する人は、まさに弘法大師の言う迷いの世界に酔いしれている者、また眠りこけている者と言えるでしょう。どうかこの本を読まれる皆様には目覚めて頂きエベンの書いた臨死体験の事実を受け入れて頂きたいと思います。あの世を全く否定していた脳神経外科医が参考文の20．25．27．で示すようなことを表明するのはたいへん勇気がいったと思います。ことに27．36．で示すように〝霊的宇宙とか霊性〟などという表現はいまの知的文化人と呼ばれるような人達からは否定される言葉だからです。

しかしながら、ある人を信じるのに、信じられる面と信じられない面があるとしたら、それはその人を信じられないということです。この著者は信じられないような人格の人だったのでしょうか、このような臨死体験をするまでの彼の人となりは信じるに値しない人であったのでしょうか。

彼の著書を読んで彼を信じないのは、彼の人格を全否定するのと同じです。自分の小さな頭で考えてわからないからと言って全否定するのは愚かです。

そしてまた巷の宗教学者に申し上げます。貴方がそれだけ仏教のことが理解できるなら、まず貴方がそれを実践して悟りを得て下さい。自分が解説する仏教理論が正しいと思うならその正しさをあなた方自身の姿で証明して下さい、ということです。

そして宗教学者に望むのは、目に見えない偉大なる存在がたしかに存在することをほんの小さな体験でもいいですからそれを実感した経験を持つことです。そしてそれを体験した喜びの心を持って宗教に向き合って頂きたいと思います。臨死体験とまではいかなくとも少なからず霊的な体験をしている私から言わせれば、あの世がないとか死ねば終わり、と言っている人こそまさに盲信狂信の人であると断言します。

悟りの本来の意味がわからなくては宗教を解説することはできません。悟りとは先にも言いましたように自分が何者かを知ることです。すなわち自分の肉体はもとより意識・魂・精神・心が何の材料でできているかを知ることです。自分がどこから来てどこへ行くのかがわかることです。

この世は無常だと悟ったとか、この世は苦であると悟ったとかいうのは悟りではありません。そして自分がこのような悟りを得ていないのであるならば、その境地に達した人から謙虚に学ぶことです。なおその人が本物であるかどうかについてはその人の過去の生き様や人柄、その人に愛があるかどうか、また多くの人から愛されているか、傲慢な心がないか、それらをよく見て間違いないと確信できたらその人の言葉を信じることです。

照見五蘊皆空　度一切苦厄

口語訳

五蘊は皆空であると照見して、一切の苦厄から解脱している。

観自在菩薩（覚者）はその悟りにおいて、五蘊は空と照見されて一切の苦厄から解脱されているという意味です。

五蘊とは色・受・想・行・識を言います。

色…人間の体を含め物質のすべて

受…人の感受作用、花をみて美しいと感じること

想…人の表象作用、花のイメージを想い浮かべること

行…人の意志作用、花を飾ってみようとすること

識…人の認識作用、これは花だと認識すること

この五蘊が空であると悟ったときに一切の苦しみから解脱されたのであると説かれています。ということは逆説から言うと、五蘊を空と感じ取ることができない間はいつまでも苦しみから逃れられないということで、私達凡夫にとってはなかなか厳しいことですね。

この五蘊皆空のところを解説するにあたり、空とは何かということがわからないと解説できませんので、次の有名な句と共に解説したいと思います。

舎利子　色不異空　空不異色　色即是空　空即是色　受想行識　亦復如是

口語訳

舎利子よ色（物質）と空は異ならず、空は色（物質）と異ならず、色（物質）は即空であり、空は即色（物質）である、受想行識もまたまた是の如し

この文中の舎利子とはお釈迦様の弟子であったシャーリープトラという人の名前ですが、この人個人に語りかけられているというより、私達衆生に語りかけられているという意味で理解して頂いたらと思います。なお現在この箇所について一般的に用いられている解釈は次のようなものです。

この世においては物質的現象には実体がないのである。実体がないから物質的現象でありうると言えるのである。全ての物は無常で移り変わりゆくもので実体がないのである。

さて右の文を読まれていかがでしょうか、物質的現象には実体がない、実体がないから

物質的現象と言われて皆様は理解できますでしょうか。一般的な解釈に共通するのは空という文字の意味にとらわれているように感じます。いままでの既成概念を外してこれから私がお話しする内容をご覧頂きたいと念じます。

ではまず色不異空、空不異色、色即是空、空即是色の所で示されているのは、色と空が異ならないと示されているわけですから数式で示しますと、「色＝空」ということになります。

色については先の五蘊で説明しましたように、物質の全てを表します。

ある宗教家によれば空がわかれば悟りがわかると言っていましたが、この空の意味については僧侶をはじめ、いろんな宗教学者が解説をしていますが、その大部分は空という文字の意味からの解説です。

しかし心経に「色＝空」と説かれている訳ですから、表現を変えて言うと「物質＝空」と示されているわけです。そのため空を理解しようと思えば、空と同じ物質の方から探究すると空の実体が見えてくるのではないかと考えたのです。

ただこれは既成の学者や宗教家も行っていまして、物質を見て物質というものは現状をいつまでも維持することはできないから無常なものである。それゆえその実体はないのだと説いています。また物質が無常であるという性質を表す意味で空と表現されていると説いています。この見方は間違ってはいませんが、物質の表面だけを見た浅いものの考え方で物質の本質を探究していません。物質が無常なのはお釈迦様から言われなくても誰が見てもわかります。

お釈迦様の教えには、もっともっと深い意味があるはずであると思って、深く探究しなければなりません。その意味で私に言わせると、自然科学や物理学を通して物質を深く探究している科学者の皆さんこそが空を探究している人達と言えるのではないでしょうか。

私は物理学について詳しくはないですが、物理学の本によると、昔は物質の核は原子であるというところまでしかわからなかったのに、今ではその原子を形作っているさらに小さな電子・中性子・陽子などが発見されていてそれらは量子と呼ばれています。

この量子というのは、粒子と波の性質をあわせ持つとても小さな物質やエネルギーの単位のことで原子や分子といったナノサイズ（一ミリの百万分の一）よりもさらに小さな世界の話です。そして光も波でありまた粒子であるとのこと、この光の性質から見れば光子も量子であり、物質を構成する素粒子の一つであるニュートリノ、クォーク、ミュオンなども量子に含まれる。そして量子のように極めて小さな世界ではそれらが非物質的な力で高速に動いていてその動きは私たちの身の回りにある物理法則（ニュートン力学や電磁気学）が通用しないようです。

その世界の物理法則は「量子力学」と呼ばれています。そして私たち人間を含めたこの世に存在する物質の全てはこの量子の集合体であり、そのため万生万物は全て量子の性質である粒子の集まりでもありまた非物質の波（エネルギー）の状態でもあるとのことです。そして私達が何かを考えて思考をめぐらすと物理的には脳から電気信号が出て電磁波というエネルギーの波が出ていて内臓諸器官もその電気信号で動いていますので、私達は電磁波（エネルギー）の中で生きていることになります。

また、身体だけでなく心においても何かが動くにはそれを動かすエネルギーが実在しますから、私達人間の身体の中にはエネルギーが充ち満ちていることになります。以上物理学には素人なので間違っているかもしれませんが、私なりの物理学的な観点で物質とは何かという意味で話をしてみました。

ともかく心経には空と物質が同じであると説かれている訳ですから、このような物質の性質が空を表しているのだという立場に立って考えてみてはいかがでしょうか。

ここではいろいろな物理学的な用語が出て来て戸惑っておられる方もあるかもしれませ

んが、要は私達の身体を含め、一切の物質は量子の集合体であり、極小の世界ではその量子が非物質的な力で高速に動いているということ、そして動くためにはそこにはエネルギーが存在しているとご理解いただければと思います。そしてこのエネルギーこそが重要な要素であると考えて下さい。

私は過去にアインシュタインの理論から物質とエネルギーとは相互に転換され得ると言うことは本を読み知っていました。これを一言でいうと「物質＝エネルギー」と言えます。心経ではこの物質のことを色と表していますので、物質の文字を色に入れ替えると「色＝エネルギー」という数式が成り立ちます。このエネルギーということについて例文41.を読んだとき、神とエネルギーがつながりました。かつそこに大いなる意識という存在を通じてエネルギーと神とがつながったのです。

これこそエベン・アレグサンダー氏の著書に出会えた大いなる喜びの一つです。なお著者は参考文43.で示すとおり「今までの物質に対する理解は全く違っていたことが明らかになった。物質とは強力な非物質的な力によって構成されている。目も眩むほど複雑な構造体であることが判明したのである。物質的な実体というものは存在していなかった」と書いています。この表現はある意味では物質的な実体というものは存在していなかったということですから、今までの般若心経の解説文などにおいて物資、そして空とは実体がないことを表すものであるという説明と符合します。

しかし既成の解説ではその物質を構成している強力な非物質的な力とは何かということについては何も述べられていないのです。

ではまた話を般若心経の五蘊の所にもどします。五蘊は先に示しましたように物質と人間の心の作用です。この五蘊について悟った仏はそれを空と照見されたのですから、その意味を式で表すと
「五蘊＝空」となります。

すると色不異空の所で「色（物質）＝空」と示されているので結果として
「五蘊＝空＝色（物質）」となります。

なお、これは物事を考えて行く経緯をわかりやすくするために、あえてこの数式を示しましたが、五蘊の中にはもとより色（物質）が入っています。

そこで一つの疑問が生じてきます。それは五蘊には色だけでなく受想行識という人間の心の作用も含まれています。ということは心の作用も物質と同じということになり、理解に苦しむことになります。でも心経にはそう説かれている訳ですから、それを受け入れな

ければなりません。ではここで受想行識の働きをする心とは一体何かと探究してみましょう。

心そのものは手で触ったり目で見えたりするものではありません。しかし私達は日々心で何かを考えたり感じたりしています。その心の働きを心的エネルギーと表現されることがあります。そこで心の働きをエネルギーの働きとすると、それを数式にすれば「心＝エネルギー」になります。

なお物理学的には「エネルギー＝物質」です。

ということは「＝」で結びつくものはお互いに全て「＝」で結びつきますから結果として「心＝エネルギー＝物質」となり、つまり「心＝物質」ということになります。

さて、この数式を見たとき何と言うことだと思いました。物質と心が一緒とは受け入れ難いですよね、よく人を物みたいに扱うなと言ったりします。でも心経では結果的に心も物（色）と一緒と説かれている訳ですから、どうしても受け入れ難いものになります。

しかしながら、心経にはこのように説かれている訳ですから、いろいろと考えた結果もしかしたら私達が物質に対して抱く概念の方が間違っているのではないかということに心を向けました。

物理学では、全ての物質を構成しているのは非物質的な力（エネルギー）であることはわかっている訳ですが、先にエベン・アレグサンダー氏の著書を通じてこのエネルギーという存在と大いなる意識と神とが結びついたと言いました。

ということは万生万物にはエネルギーが充ち満ちている訳ですから、言葉を変えて言うと万生万物にはこの神のエネルギーとそのエネルギーを存在させている神の意識という生命が宿っていることになります。この神とは先にもいいましたが、万生万物、すべての生命の父であり母である大宇宙根本神霊法身大日如来に該当します。

すなわち、地球上の動物・植物・鉱物をはじめとする物質、また目には見えない魂・心・精神・意識など、ともかくこの大宇宙に存在するものには、それを存在させるエネルギー・神の意識があるからと言えるのです。それゆえ何もかもこの神のエネルギー・意識によるものと一括りにするなら、もう物質や非物質、物と心、というような分別はできなくなるのです。これでようやく物と心を表す五蘊が空であると説かれている意味が理解できました。その意味で物質にも神の意識・生命があるわけですから大切に扱うことが求められます。

実を申しますと、私の縁生においていろんな人との出会いがありました。その中には物と話ができる人もありました。普通このような話をすると信じられないかもしれませんが、たとえばある家の玄関に置いてある花器にその家庭が調和された家庭かそうではない家庭かと尋ねたらその花器が答えてくれるとのことです。

これは花器に口があってしゃべるということではありません。花器を構成している意識というエネルギー体、すなわち花器の生命に働きかけて意識と意識の交流という作業でわかると言っておられました。そのようなことができる人が実際に存在していたのです。

このように、物にも他を感じる生命があるということです。皆様も次のような話を聞かれたことはないですか。ある工場で働いている人から聞いたのですが、それは同じ機械を全く同じように使っていてもその機械を愛して常に愛の思いを語りかけながら使っている人と、そうではない人と比べた時に、前者の人の機械の方が故障する頻度が少ないという事実です。これを言うと前者の人はそのような人だから扱い方が丁寧なからでしょうと言われますが、どうやらそれだけの違いではないようです。

では最後に、もう一度心経の照見五蘊皆空～受想行識亦復如是までの箇所をまとめていいますと、五蘊皆空とは、万生万物の物質はもとより私達の魂・意識・心をふくめて全てのものはおおもとの神仏の意識から生まれ出たエネルギーでできていて、空とは神の意識・エネルギーのことであり巷で言われているような空しいとか実体がないとかという意味ではありませんと言うことです。これについては参考文35.をご覧ください。さらにこの空の意味について、参考文の49.をご覧下さい。

これを読まれて皆様はいかがでしょうか。私に言わせると〝空〟とか〝無〟については長い歴史のなかで僧侶や哲学者などが探究してきたものです。それを今まであの世など全く信じることなく現代科学の信奉者として生きていた人間、私達からするとある意味宗教世界に関してはまったくの素人だった人間が、臨死体験をしたことでここまで言えるようになるのかという驚きでしかありません。これは信じられないという次元を超えてある種の羨ましさに秘めたやっかみの情を禁じ得ないものがあります。そして今まで空を実体がないとか、空しいと解釈していた人達は謙虚な心でこの言葉に触れて頂きたいと思います。

舎利子是諸法空相不生不滅不垢不浄不増不減

口語訳

舎利子よ諸法は空を相とし、生ぜず、滅せず、垢つかず、浄からず、増さず、減らず、

この箇所については先の五蘊皆空と色不異空色即是空のところでの解説をお読み頂くともう説明しなくてもご理解頂けるのではないでしょうか。

諸法とはこの大宇宙体、またそのなかで存在している全ての生命体、それらが存在できるのは、すべて神のエネルギーによって現れているので、それが生じたり滅したり増えたり減ったりするようなものではないということです。

ある人に言わせるとこれだけ科学が発達した時代に宗教は信じない、人は死んだらおしまいになってなくなるのだという人がいます。私から言わせれば、これだけ科学が発達した時代だからこそ物理学的にエネルギーが不滅であることが証明されている訳で、人の生命もエネルギーであることがわかったら消えてなくなるというのは、それこそ非科学的な発想であり、その人こそ科学物理学を認めない盲信狂信の世界に生きている人です。

是故空中　無色　無受想行識　無眼耳鼻舌身意　無色聲香味触法
無眼界　乃至　無意識界

口語訳
是故に　空の中には　色は無く　受想行識は無く　眼耳鼻舌身意は無く　色聲香味触法
は無く
眼界は無く　乃至　意識界は無し

この是故空中から始まる所では無色と説かれていますから、物質世界ではないという説明から始まります。その次に受想行識もないと説いてあります。先にも説明しましたように受想行識というのは人間の心の作用です。これを否定されたら人間そのものを否定することになりますので、ここの文面だけを見ると空の世界では人間は消えてなくなるものであると理解できなくもなく、やはり死ねば無になるのかとさえ思ってしまいます。

ところが心経ではその次に無眼耳鼻舌身意と無色声香味触法と説かれています。この意味は人間の五官とそれにまつわる六根もなく、もとより五官で感じる対象がないと説かれています。もし文中の無受想行識で人間そのものの存在を否定したものであるなら、もともとないものについて、わざわざその次に無眼耳鼻舌身意と無色聲香味触法という人間の五官六根に関することを説く必要がないのではないでしょうか。

では、わざわざこれを説いている意味を考えてみましょう。これを説いているのは空の世界には人間としての生命の存在があるからこそ説いているのだと感じます。その意味でも空とは空っぽとか実体がないなどというような説明では意味が通じなくなります。そもそも心経の是故空中とは是れ故に空の中ではという言葉で始まっているわけですから、もし空の意味を実体が何もないないという意味だとすれば、実体が何もない中ではという意味になり、実体が何もないものに中も外もないでしょうと言いたくなります。

それゆえ先に説明した空の意味からすると、ここで示す空の中とは神仏のエネルギー、神仏の意識の世界の中ではという意味になります。その意味で空の世界観は私達人間がこの肉体を離れた後の世界、または生まれる前の世界のこと、あの世のことと理解するのが自然の流れだと思います。ですからその世界を知る上でエベン・アレグサンダー氏が肉体を離れた世界で体験したことがこの上ない参考になりました。

では無眼耳鼻舌身意、無色声香味触法の世界とはいかなる世界でしょうか、そのヒントになるのが参考文7.8.10.です。肉体六根の器官を使って聞いたり見たりする世界ではなく、意識で交流する世界とのことです。そして参考文8.にはその中に自分が溶け込んでしまうと書いてあります。溶け込んでしまったときそこに境界があるでしょうか。

たとえば皆様には水に薬などを溶かした状態を想像してみて下さい。溶け込んでしまった後ではまったくわかりません。空の世界ではすべてが溶け込んでいるので境界がないということを無眼界乃至無意識界と説かれているのではないでしょうか。このことについては参考文9.12.33.をご覧ください。そして9.には〝対象を見る〟ことができなかった。さらに格助詞の〝~を〟が表す分離の概念が存在していなかったと書いています。参考文12.

では神の存在はきわめて間近に感じられ、自分との間に全く距離がないように思えた。また参考文33.には〝私自身と〟その自分が移動している世界とが不可分と書いています。

この感覚に到達したことはすごいことです。ある意味、神は私であり、私が神であるという心境になっていたということです。すなわち神の子がその子たる自覚を得て自分が神であるという心境になっているということです。

私がエベン・アレグサンダー氏の著書を紹介する理由は先にも述べましたが、彼は神の子としての自覚を得た体験をしているのです。ここまでの体験をした臨死体験者は数少ないでしょう。

さて空の世界の話に戻りますが、すなわち空の世界では分離という概念がないわけですから私という概念がない自他不二の世界であり。もう少しわかりやすくいうと私は貴方であり、貴方は私であるという世界であることを示しています。

なお著者の表現において、ただ格助詞の〝〜を〟が表す分離の概念が存在していなかった。と書いているものの、参考文の2. 3. 4. 6. 11. 15.などの表現においては〝〜を〟見ている情景が表現されています。たとえばミミズかモグラの目で見ているような情景や、近づいてきた美しい存在や、下に広がる田園風景や子供達、また光の球体であるオーブなどの姿を見ていると表現がなされていて、〝〜を〟が表す分離の概念が存在していなかったという文面と矛盾します。このことを考える上で参考になるのが参考文4.と16.です。まず参考文4.では猛烈なスピードで上昇していたと言っています。これはどの空間を上昇していたのでしょう。また参考文16.では低次の領域ではという表現がなされています。すなわち空の世界では低次元から高次元まで多くの次元の世界があることを示しています。おそらくこの次元とは、四、五、六、七、八、九、十、と単純に分類されるような世界ではないでしょう。それぞれの周波数の違いという無数の次元による世界が段階的に展開しているのではないでしょうか。この数限りない次元があるということについては参考文14.に書いてあります。そして次元の違いとは周波数の違いであることは参考文34.に示されています。

この心経に示されている空の世界は、ただ単に肉体を離れたあの世の世界というものではなく、高次元の悟りを得た意識体達が住む世界が説かれているように思います。同じ空の世界でも低次元の世界ではそれなりの時間もあり、まるで人間として生きてきたままの眼耳鼻舌身意という六根を使って生きているような意識体の存在もあることがうかがえます。参考文16.をご覧下さい。

しかし、高次元の世界では無眼界乃至無意識界のとおり自他不二の境地の世界であり、自己として認識しようと思えば自己を認識できるし、また全体と一体の意識になろうとすれば全体の中に溶け込んでしまうことのできる世界であることを示しています。

しかし、参考文14.に示すように、この高次な次元とはその中に入り直接体験するかたちでしか知る方法がないことがわかった。低次の次元空間からは高次元世界は直接知ることも理解することもできない、と書いてあります。そして参考文18.には、何かを思い浮かべさえすればそれに向かっていけることが少しずつわかってきた。もっと高次の場所に移りたいと心から願えばそこに行くことができた。とも書いてあります。

これらを読んで感じたのは、空の世界は百パーセント本人の自由が尊重されている世界で素晴らしい世界である反面たいへん厳しい世界でもあると言えます。すなわち六道の世界の説明でもしましたように、低次元に住む住人達が望まない限り高次元の存在が降りてきて「もしもし貴方、もっと上の光の世界があるのだよ。」と教えてくれないという現実です。

ただこれを言うと、エベン・アレグサンダー氏は向こうから迎えに降りてきてくれたではないか、特定の人だけ導くのは不公平ではないかという人がありました。

たしかにこの話を聞くと不公平に感じるでしょうが、次の十二因縁の説明を読んで頂くとわかります。私が思うに、彼はもともと六道輪廻と十二因縁を解脱した高次元の住人です。長い転生輪廻の中で自らの魂を高次元に昇華させた魂と、未だ六道輪廻や十二因縁から解脱できていない魂と同じにはならないでしょう。この違いを感じとることができる参考文が2.と3.です。普通の人がこのような世界に入ると、「ここはどこだ？　このような所には居たくない誰か助けに来てくれ！」と叫ぶのではないでしょうか。

しかし、そのようなことはどこにも書いてありません。彼は違っていたのです。この地下世界は自分の居場所ではない、閉じ込められていると感じたと言っています。察するにその時の彼はその世界に居ながらも本来の自分はこの世界の住人ではないという彼の本質がそう感じさせたのでしょう。その本質が光の存在を迎え入れたと確信しています。

そして私達は時が来れば、誰でも空の世界に戻ります。自分の本質がもともと高い人はそのような気付きも得やすいと思いますが、そうではなく、かつまたこのような宗教的知識がないと、いま自分が居る世界がすべてでその世界より遥か高次元の世界があることに気がつかないでしょう。そのようなことを全く知らなければ当然そのような世界を求める心も起きないですから、高次元の光の存在を迎えるのは難しいでしょう。すなわち求めよさらば与えられん、というのが真理であることがわかります。

ただ、求めよとは言っても、ともかく苦しみから逃れたい一心でやみくもに求めたからといって与えられることはないでしょう。さらにまた求める人の器も大きな要素になります。向こうはすべてを与えて下さっているのですが、受け取る方の器が小さければその器に入る量しか受け取れないことになります。この器の大きさとは何かというと、参考文48.に愛の大きさと書かれています。私もまだまだ小さい器ですがその器を大きくするために、本当の愛を皆様と一緒に探究していきたいと願っています。

この愛を探究する上でこの世は大変有り難い世界です。空の世界に帰りますと自分の周波数と同じ次元の存在としか交流することができない世界のようですが、この世では高い次元の世界からそれなりの目的と使命をもって降りて来ている存在達とも出会うことができますので、その人達から多くの愛や宗教的な学びを得ることができます。すなわち過去の聖人達が残した教えや今回私が参考にしているエベン・アレグサンダー氏の著書にも出会うことができるのがこの世の魅力です。

無無明　亦　無無明盡　乃至　無老死　亦　無老死盡

口語訳

無明もなく、また無明の盡きることもなく、乃至老死も無く　老死の盡きることもなし。

無明とは何を意味するかというと、明かりがない真っ暗な世界のことです。迷いの世界のことを表しています。そして老死とは生老病死のこと。心経のこの箇所の意味は空の世界の高次元世界では迷いなき悟りの世界であり、迷いに尽きて苦しむことなき世界である。そして肉体がない意識体の世界では地上のように生老病死に苦しむことがない世界である、という意味です。そしてもう一つこの箇所が示す意味として無明と老死の間に乃至という言葉が示されています。これは無明から老死に至るまでのこともないという意味です。

これは何を示しているかというと、お釈迦様は人間がこの世に生まれる理由を無明から老死に至るまでの十二の因縁を以て説かれたのですが、空の世界ではこの十二の因縁という因果を離れた世界であることを示しています。この生老病死がないとか十二因縁がないとはどういう意味かというと、生老病死はこの世の時間の流れです。十二因縁も過去世、現世、来世、来来世、という時間という流れの座標軸のなかで説かれたものです。その流れがないとは一言でいうと、空の世界では時間がないことを示しています。これについては参考文2.5.17.をご覧ください。それ以外にもあの世ではこの世的な時間がないことを語っています。時間がないということはどういうことかというと、因、縁、果という直線的な時間がないわけですから、因を作れば同時に果が現れる世界であることを示していまず。これを数式にすると「因＝果」となります。そのような世界が空の世界であると般若心経には示されている訳です。

なおこの般若心経が説く時間がない世界の描写は高次元の描写のようです。なぜ高次元の描写であるのかというと、ここで再度参考文16.をご覧頂くとその意味がわかります。そこには低次元の世界では地上の時間とは違うけれども時間感覚が存在していたと書いています。ですから般若心経が説く空の世界は同じ空の世界でもはるか高次元の世界のことを説いています。それを理解するためには自分がその世界を体験するか、またはそれができていない時はその世界を体験した人の手助けがないと理解できないものです。そのような導き手もなく般若心経を理解しようとしても無理です。その意味で何度も同じことをいいますが、彼の本は本当に良い気づきを与えてくれました。

では折角ですから、ここでお釈迦様が説かれた十二因縁について話をしましょう。この因縁はアジア人や西洋人など関係なく人類全体の因縁です。

十二因縁とは

一、無明（むみょう）神理を知らぬ知恵のない状態

二、行（ぎょう）無明に基づいた行為がカルマ（業）となる状態

三、識（しき）生まれ変わりの意識としての個の主体ができる状態

四、名色（みょうしき）生まれ変わって胎児になる状態

五、六処（ろくしょ）感覚器官（眼・耳・鼻・舌・身体・意）ができてくる状態

六、触（そく）感覚器官が外界を感知しているようになる状態

七、受（じゅ）次第に感受性がハッキリとしてくる状態

八、愛（あい）好き嫌いとか善悪の意識がはっきりとしてくる状態

九、取（しゅ）愛から執着が生まれてくる状態

十、有（う）執着から心の傾向性（カルマ）を作り上げる状態

十一、生（しょう）無明ゆえに執着を作り、やがて時を経てまた来世に生まれる状態

十二、老死（ろうし）来世でまた一〜十の生き方をして老いて死ぬ状態

以上が十二の因縁です。この十二因縁による魂の流転は、六道輪廻にも通じます。お釈

迦様の教えからすると、私達はやがてはこの十二因縁と六道輪廻からの解脱を目指さなければならないとされています。では順次説明をしていきます。

◇無明（むみょう）

先にも言いましたが迷いの世界を神仏の光が届かない暗闇と喩えて表現しています。迷いとは神理をしらない愚かな状態を言います。心の三毒である貪瞋癡で表されている癡の状態です。神理を知らない愚かな状態とは自分が何者であるかを知らないことです。その何者とは神仏の子ということです。

◇行（ぎょう）

過去この世に生まれた人間達が心の三毒である貪瞋癡の行いをためして、無明から解脱するどころか、その人生でさらにまたカルマという業を上乗せしてあの世に帰った状態を表します。

◇識（しき）

この識の説明に入る前に、カルマの上乗せをしてあの世に帰った者達はどうなるかを六道の教えを基にしてお話します。これは六道の所で説明したように、たとえば貪りの心が非常に強くて餓鬼のような心で生きた者は地獄の餓鬼界で過ごし、また怒りとか他との闘争や破壊の心で生きた者は阿修羅界で過ごし、神理を知らぬゆえに自己中心の愚かな心で生きた者はその心の波動に通じた地獄界で過ごします。そして長き厳しい体験をしたあとやがて神理に気付いてともかくは元いた天界に戻ってきます。天界に戻ったとは言ってもその世界に住んでいる人達はまだ真実の自分には覚醒をしていない低次元の状態です。

しかし、そのままで永遠に過ごすことは停滞です。そこで天界よりも上の世界を目指して、また自分が過去の地上界で作り上げたカルマを修正するべくもう一度地上に生まれるための意識体となります。この状態を示しているのが三番目の識です。

さて、この地上に生まれ出る意識体について参考文42.をご覧下さい。そこには昔の錬金術師のことを例にして表現していますが、これは著者自身がこの真実を体験していないと書くことはできません。この地上にある自分の魂が自分本来の魂の大きさからするとその一部であることなどは物質的にとらわれた人にとって、この表現自体が受け入れられないかもしれませんね。何故なら自分を二つに分断するなんて考えられないからです。

しかし、人間の生命は意識というエネルギーです。そのエネルギーの一部を用いて肉体に宿り、残りの意識エネルギーは天上界に残っているというのが事実のようです。

では天上界に残っている自分の意識エネルギーは何をしているのでしょうか。地上で肉体に宿っている自分の意識・生命とは常につながっていることになります。そして察するに言葉を変えて言えばいつも地上に生きている自分自身の意識・生命を気にしている訳で、この意識が自らの守護霊意識と呼ばれる存在ではないでしょうか。なお精神世界を扱う著書を数多く読み霊的世界を探究していく中でわかったことは、自分の地上意識と霊界に存在する自分の意識・生命とは五〇対五〇という対比ではなく、全体的な自分の意識・生命のほんの一部分が地上に生まれて肉体を支配して生きているようです。残りの大部分の意識は霊天上界にあるということです。そして天上界に残っている残りの大部分の意識・生命の内、さらにその一部分が地上に生まれて生きている生命体を常に見守ってくれている存在であるようです。その意味でよく巷で言われているような死んだお祖父さんやお祖母さん、お父さんやお母さんが守護霊になるというのは間違っていることになります。

もちろん彼等が地上に生きている人のために援助指導するということはあるでしょうが、個の意識の尊厳という意味で霊界に残している自分の本体意識以上に介入することは有り得ないと考えられます。

いかがでしょうか。この地上では自分自身は孤独のように思えても、その魂には霊界において常に見守ってくれている意識体があるということを想像しただけでも、胸が熱くなるのではないでしょうか。その世界が私達の魂の故郷です。これについては参考文44.をご覧下さい。

◇名色（みょうしき）

地上に生まれ出ようとする意識体が縁生によって結ばれた両親の下、まず母体に宿り胎児となる状態を表します。非肉体的な存在であった意識体が肉体生命となった瞬間です。

◇六処（ろくしょ）

その両親から頂いた肉体に宿った意識体が肉体五官をたよりにこの世を生きて行く状態を表します。このときの意識体からは生まれる前の記憶を消されていますから、どうしても肉体がすべてという感覚になり、次に示す順番のように六根煩悩に翻弄される人生を歩みます。

◇触（そく）

まず非肉体的であった意識体が肉体に宿り、肉体が触れるものから感じるいろいろな感覚を知る状態です。

◇受（じゅ）
その感じる感覚によって心地よいものと不快なものとを感じ取る自我の意識が芽生えてきます。
◇愛（あい）
芽生えた自我によって、他と自分という立場で自分を認識し、自分の感覚に心地良いものだけを取り入れて他は排除しようとします。
◇取（しゅ）
その取り入れたものに対して執着する心が湧いてきます。
◇有（う）
その執着が凝り固まって心の傾向性（カルマ）を作り上げてしまう状態です。別な言い方をすると過去に作り上げてきたカルマにさらにまた新たなカルマを上乗せしてしまう状態です。まさに無明の状態です。
◇生（しょう）
無明ゆえにまた六道の地獄、餓鬼、畜生、阿修羅等の世界のどこかに沈み、長い年月を経てやがて一応修正して天界に戻り、また次の世に生まれることを示しています。

そして生まれたものの、また四〜十の生き方をして老いて死んでいく状態です。

◇老死（ろうし）

この十二因縁の法に触れたとき、人間とは何と因果なものだろうと感じました。神仏の幼子というところで人間は生まれる前の記憶を消してこの地上に生まれてきている理由を私なりに話しましたが、本当にこの世に命が有ることは、有り難いことでもありながら何と厳しいことかと感じます。

このような人間についてお釈迦様は「人間は餌で太った大豚のように怠惰を貪りがつがつ食べてごろごろと眠りこけている。愚か者は何度も何度も母体に入って輪廻を繰り返す」と表現されています。この怠惰とがつがつ食べてとは自我我欲であり、眠りこけているとは自己保存のことでしょう。そして愚か（無明）な者は何度も何度も母体に入って生まれては同じことを繰り返していると言われているのです。まさにこの十二因縁のことです。人によってはこの生まれ代わりを何億年と続けているのかも知れません。何億年というとたいへん長いように感じますが、宇宙創造の歴史からするとほんの短い間なのでしょう。このように無明を続けていつまでも十二因縁と六道輪廻から逃れられない人々を称して弘法大師は「生まれ生まれ生まれ生まれて生の始めに暗く、死に死に死に死んで死の終わりにし」と言われています。

この十二因縁が示すのは、人間とは何のために生まれて来ているのかという人生の目的と使命を現しています。この真理を知らずに、ただ生命を得たから、ただ生きるためだけに働いて、ただ生きるためだけに生きて生涯を終えたとするなら永遠にこの十二因縁の輪廻から逃れることができないでしょう。

私はこの十二因縁の教えに触れたとき、自分の人生の目的とは何かと深く考えるようになりました。私達は地上に生まれてやがて地上を去っていきますが、霊界に戻ったときに生まれる前よりも劣っていたとするなら後悔というものは限りないものとなるでしょう。すなわち自らの霊性を高めることなくただ生きるために仕事をして、良い家に住み良いものを身につけて、贅沢な食べ物を得たとしてもこの世に生まれた真の目的である無明からの解脱という目的からは遠く離れた人生であったなら後悔が尽きないことになります。

それゆえ私達はなにはともあれこの無明からの解脱を目指さなければなりません。そのための第一歩が自分自身のカルマの修正です。このカルマとは先にも言いましたように、心の癖です。すぐに恨み妬み怒りを起こす癖、異性を必要以上に求める癖、地位名誉を人一倍求める癖、他人の目を必要以上に気にする癖などで、この心の癖の種類は人の数だけあると言っても過言ではないでしょう。

この十二因縁の真理からすると、お釈迦様やイエス様のような聖人達は別として、この世にいま生まれている人達は、この世に生まれて来なければならない無明という理由があって生まれてきている人達ばかりであると言えるのです。言葉を変えて言えば、それぞれが自分のカルマの修正を必要とする愚か（無明）な未完成な者達ばかりであるということになります。その愚か（無明）な者達が、資本主義、社会主義、共産主義などを唱えて人間の本質を見失わせているのです。そして自分が十二因縁によって生まれて来ている不完全な人間であるのに、正義を振りかざして他の人のブログを炎上させたりしているのは、本当に愚か者です。

そのような人間が生きている現世に存在するお寺の存在理由とは如何なるものでしょうか、ただ祈りの場所であったり諸霊を祀る場所という意味だけではなく、自分自身を見つめてこのようなカルマの修正をする道場がお寺であると思います。

無苦集滅道

口語訳

苦集滅道は無し

この苦集滅道というのは苦諦、集諦、滅諦、道諦の四諦といって中道と縁起の法とともにお釈迦様の教えの根幹をなす教えです。四諦に使われている諦とは先にも言いましたように、一般に使われているような諦めるいう意味ではなく、仏教用語としては悟るという意味です。この四諦を簡単に言うと、この世は苦であることを悟る。その苦を作り出している原因を悟る。その原因を滅しなければならないと悟る。そのためにはやはり正しい道を歩まねばならないことを悟る。ということになります。

すなわちこの四諦という法則はあくまで地上に生きている人間に対して説かれた法ですから、肉体を離れた空の世界では四諦の法則がないのは当たり前ということになります。そしてこの苦集滅道はそれぞれの段階を踏んで解脱に到達するというこの世の時間の流れを大前提にして説かれた教えです。ですから般若心経に無苦集滅道と示されているのはある意味この箇所でもあの世には時間の流れがないことを表していると言えます。先にも言いましたように、時間がない世界では「因＝果」ですから苦集滅道というプロセスがなく「思い＝結果」ということになります。

心経のこの箇所の意味説明としては以上のようなことになるのですが、何と言っても四諦はお釈迦様の教えの根幹をなす部分ですから、苦集滅道の解説をしてみたいと思います。

◇苦諦

お釈迦様がこの世は苦であると看破されました。その説明として過去の宗教書では、「この地上に生まれた人間には不可避の生老病死という四つの苦がある。そしてこの世で生きていく上では、愛別離苦、五蘊盛苦、求不得苦、怨憎会苦という苦をうける。よって最初の四つの苦と、後の四つの苦を加えて、この世とは四苦八苦の世である。だからお釈迦様はこの世は苦であると説かれた」というような説明になっています。

この説明を聞けば、誰でもがその通りだと納得して苦というものを受け入れるでしょう。でもちょっと考えてみて下さい。お釈迦様からこの世を見てごらん。生老病死はあるし、四苦はあるしこの世って本当に四苦八苦の世界でしょと言われたら、誰だって何も考えることなくはいそのとおりですねと簡単に答えてしまうのではないでしょうか。

そのような誰でもわかるようなことでお釈迦様は苦をとかれたのであろうかという疑問を長年持っていたのですが、この疑問に対して一つのヒントを与えてくれたのが参考文21.と31.であったのです。そこに書かれているのは、すなわちあらゆる種類の不安のおおもとにあるものは、神から切り離されてしまう心配。さらに、われわれが忘れてしまったものの喪失を承知していて、わずかな間でも神聖なつながりの記憶をなくした状態で生きることがいかに過酷であるかをよく理解しているのだ、という表現です。この文に出会ったとき、お釈迦様が教えたかったのは、この世の四苦八苦だけではなく、このわずかな間でも神聖なつながりの記憶をなくした状態で生きることがいかに過酷であるか、すなわちいかに苦であるかと伝えたかったのではないかと思ったのです。この苦ならば凡夫ではすぐに理解できません。

この苦を説けるためには、自分の本質がいかなるものであったのか、すなわち神聖なる存在の一部であった自分が、そこから離れて地上に降りていることを知らないと、この根源的な苦を説くことはできません。この道理に気づかせていただいたのが、いま参考にしている著者の本です。この本のこの文章に出会わなかったら、おそらく私はいつまでたってもお釈迦様の説かれた深遠なる苦の真理を理解することもなく、一般宗教学者や僧侶が説くように、この世の生老病死や四苦八苦を説明することをもって、苦の説明としていたのではないかと思うと本当にこの本との出会いには感謝しています。

人間は神の国から生まれてくるには生まれてくる理由があります。その理由に関連する根源的な苦に気がつきなさいとお釈迦様は言われていたのではないでしょうか。

その気づきに関連して参考文31.に大きなヒントになる言葉が記されています。それは「われわれが忘れてしまったものの喪失を」という箇所です。そうなのです私達は忘れ物をしているのです。なくしたのではなく忘れているのです。なくしてしまった物は見つかりませんが忘れ物は他の人に盗まれないかぎり、忘れ物をした時間と場所を思い出して一生懸命に探せば見つかるものです。しかしそのような忘れ物をしていることに気がつかないと忘れ物を探そうとはいたしません。根源的な忘れ物に気がつきなさい、という意味でこの世を苦と言われたのではないでしょうか。

その意味でお釈迦様が説かれた苦の真理は凡夫がすぐに理解できるようなものではない、本当に深甚なる意味を説かれているのだとしみじみと感じています。

◇集諦

私達はその根源的な苦を携えたままで生きているものですから、その結果としてこの世の四苦八苦を受けて生きていることを知りましょうということです。

この世の肉体を持って生きているとどうしても四苦八苦の苦を受けることになるのですが、それはすべて神仏の子であることを忘れた自分の心が原因です。肉体が生命の主体と考えて、物質的欲望の中で苦しみを招いています。ではこの〝集〟を解説する上で四苦八苦の中の五蘊盛苦を例にして集諦の話を進めていきたいと思います。

この五蘊盛苦については昔におもしろい歌がありました。ご存じの方もあるでしょう。今は亡き植木等という歌手が歌われていた歌で「ちょっと一杯のつもりで飲んで、いつの間にやらはしご酒、気がつきゃホームのベンチでごろ寝、これじゃ身体にいいわきゃないよ、わかっちゃいるけど止められない」という歌詞です。

この歌を最初に聞いたとき私はまだ子供だったので酔っ払いのオッサンを揶揄した歌という程度の理解でしたが、いま人生経験を経てこの歌詞を思い出せば、本当に五蘊盛苦をうまく歌った歌だとつくづく思います。頭では悪いとわかっちゃいるけど止められない。それが人間ですよね。でもそれが苦しみに通じている訳です。

お釈迦様は人間が苦を作り出す原因は五官六根煩悩にあると悟られました。五官とは眼・耳・鼻・舌・身でその五官から色・聲・香・味・触という感覚を得ています。ただ五官は単独では機能しません。心が五官を使って生きています。そして心は五官が感じた感覚の中から自分に都合のいいものだけを取捨選択します。

要するに醜いものや汚いものは拒絶して楽なものや好きなもの、感覚として心地いいものだけを取り込み心に集めます。そしてこれらを集め出すと、ただ単に集めるのではなく、もっともっともっと集めようとして欲望を募らせてそれに執着します。その意味で苦しみの原因を〝集〟という文字で表現されたのは本当に的を射た素晴らしい表現だと感じています。ではこの五官による収集について具体的な例を以てお話をします。

たとえばお酒やタバコです。お酒を飲んだりタバコの煙を吸うと肉体五官が気持ちの良い感覚を心に伝えてくれます。すると心がこれに執着して、またその感覚を味あわせて欲しいと肉体五官に懇願します。肉体ではなく心が懇願するのです。どうしても晩酌やタバコが止められない人から「頭ではあまり飲んだり吸ったりしたらいけないのはわかっているのですがこの身体が欲するのです」と言われました。医者や家族から酒やタバコを控えるようにと言われているのに、どうしても止められない人がいます。それって本当に体が欲しているのでしょうか。もしそのような人の内臓諸器官の意識・生命と話ができる霊能者にお願いをして内臓諸器官に聞いてもらうと、貴方の身体の内臓諸器官は「もうタバコやアルコールは要りません」って言うでしょう。すなわちその人達が言うところの身体が欲しているというのは口実であって実はその人の心が欲しているのです。

ただし精神的、肉体的な病の影響で脳のホルモン分泌などに異常を来たしている場合はこの限りではないですが、一般的には身体の五官をとおして収集した〝集〟の蓄積が心に染みついていてその欲望が欲しているのです。そして波長同通の法則からすると、心の波動は目に見えない世界にも通じています。そのため、欲望の波長は目に見えない同じ波長の世界に通じます。地上にいる私達は生活というものがありますから、四六時中欲望の波長を出し続ける訳にはいきませんが、地獄の世界では生活という制約がないですから、四六時中欲望のままです。そのため地上にいる人が欲望の波長を出す割合が長くなると地獄の世界と繋がっている時間が長くなり、結果として地獄の存在を引き寄せるようになります。俗にいう憑依です。こうなると地獄の存在は四六時中欲望のままですからその影響を受けて自分の心をコントロールできなくなります。もし皆様の中で仕事とか生活をしながらでも欲望のことが気にかかってしようがないような人は要注意です。

いまこのように四苦八苦のなかの五蘊盛苦に焦点を当てて話をしてきましたが〝集諦〟の意味は、すなわち四苦八苦の苦しみの原因は真理を知らぬ自分の心にあるのであって、すべての苦の始まりは自分の心に心地よくて都合のいいものだけを取捨選択することに始まり、取捨選択するだけならいいのですが、それを集めることに執着することが苦の原因であることを知りなさいというのが〝集諦〟です。

◇滅諦

先の集諦で苦の原因はすべて自分の心にあるとするなら、その心を修正して苦を滅していこうとすることです。

人間の根源的な苦である生老病死の苦を滅するためには、まず仏法真理を学ぶことを決意することです。そして私達はやがて自分の心を持って来世に旅立ちます。魂の故郷に帰った時にその人の幸不幸を左右するのはその人の心にどれだけの愛があるのか、またはどれだけの欲望の心が集められているのかということでしょう。もしある人が言うように欲望は身体が欲して集めたものなら、死を以て身体がなくなる訳ですから欲望収集の感覚は消えて無くなるはずです。しかし空の世界には先に示したように六道の世界があるわけですから、そうは問屋が卸さないことを示しています。肉体がなくなった時点で「あっ！肉体が無くなった。もうあの肉体的快楽の感覚は得られないのだから、はいもう諦めた」なんてそんなに簡単に執着を落とせたら誰も苦労はしないのです。すなわち欲望と執着をもったまま霊界に戻った人達は本人が心に集めた〝集〟を手放すまでこの世の時間にして何年何百年とかかるかわかりませんが、その心の振動数に応じた世界に住むことになるでしょう。

先の五蘊盛苦を例にあげれば、タバコ、お酒、グルメなどを好むのは自由ですが、それがなくてはならないという心の状態であったら黄色信号です。あってもいいしなくてもいい、あれば幸せ感があるけどなかったからといって心が苦しむことはない。このように心が苦しみを感じない状態になってこそ本物です。

私はもう何ヶ月もお酒を断っていますと言っても、その人の心の中に断っていることへの我慢や辛抱という心の苦痛（執着）がある間はまだその人の心から〝集〟が剥がれていない証ですから同じく黄色信号のままです。

また必ず訪れる愛別離苦の苦も、真理を知らないからそれに苦しむことになったことに気がついたら対応が変わってきます。また求不得苦の苦も同じです。これも普通にあれが欲しいこれが欲しいと思う程度ならいいのですが、物を得たいということが心の執着になると、この苦を受けることになります。このような執着によって五蘊盛苦や求不得苦の渦中にある人は、喉が渇いたからといって海水を飲むようなもので、飲めば飲むほど喉が渇きます。この心境をお釈迦様は渇愛と表現されました。

この状態から抜け出す方法は足ることを知ることなのですが、この足ることを知った心になる前に渇愛は駄目だから止めようとするのは難しいです。渇愛のエネルギーはそのままにして、何故そのエネルギーが出てくるのかを〝集〟の法則をよく理解して客観的に見つめる作業がいります。表現を変えればなぜ現状で足る心になれないのかを見る必要があります。そしてその時に苦しんでいる自分を哀れみ抱きしめることができたら幸いです。

また怨憎会苦についてもこの苦しみの渦中にある人は縁起の法を知らない人です。人の心に怨憎の火を付ける相手に出会っても縁起の法を知っておれば怨憎の火を燃やすことなく善処することができます。第一に憎い相手のせいで、自分の心に怨憎の火を燃やしますと、自らが神の光を受けられなくなって、物事がうまくいかなくなったり、肉体的、精神的なダメージを蒙るようになるならこれほど損なことはありません。なぜ自分の心に怨憎の念が出てくるのかを見つめてみましょう。

但しその時にしてはいけないのは自分を裁くことです。怨憎の念を抱いて苦しんでいる自分を愛し労るために自分を振り返るのですから自分を裁くことは禁物です。これも渇愛と同様に、それで苦しんでいる自分を哀れみ抱きしめることができたら幸いです。このように自分を愛して苦しみを滅していく行為を決心することを滅と言います。

◇道諦

この世で苦しみを作らないために歩むべき道のことを言います。お釈迦様はこのことについて八つの道を示されました。それを八正道といいます。ではその八正道を私なりに語ってみたいと思います。その私なりにというのは、それぞれの道に正しいという言葉が使われていますので、正しくしなければアカンと言ってこの八つの道で自らはもちろんのこと、他人を裁く人がいることに気がついたからです。八正道は行わなければならない道なのですが行えない人はそれはそれで仕方ないことです。人類の全員がこの八正道を行うことがすぐにできたら、全員がアラハン以上の悟りを得て地獄界も無くなりあの世とこの世を通じて六道の世界など存在しなくなりますから。その意味でこの八正道を行わなかったらアカンという裁きに通じる心をもつことはそれこそアカンのです。

そしてもしこの八正道を行う意欲が出てこないのであるならば、出てこない自分の心の底を眺めてみる必要があります。では私なりの解釈で八正道をお話していきますが、その私なりにという意味は八正道の正しいという文字を愛という文字に変えてお話ししている感覚でお読み頂いたら幸いです。

一、正見…正しく見ること

既成の宗教書では八正道の正見を説明するのに、肉体の眼で見えるものは全て無常であり実体がないものである。実体がないものを見て執着するから心に苦しみを招くのである。だから全ては無常であると正しく見ることが大切である、とよく説明されていますがこれではまるで観念の遊戯みたいですね。三次元の世界ではたしかにその本質は無常なものでもいま目の前に在るものは在るのです。このような頭のみで仏教を理解しようとするところに限界を感じます。

さて既成宗教書の解説はさておき、一般的に正しく見ることと言われると公平な第三者の立場に立って物事を見ることと理解されると思います。この公平の規準をどこに求めるかが大切です。私達がこの世で生きていく上で眼が不自由な人と眼が見える人とではこの世の理解力において差が生じるのは否めません。この眼から入ってくる情報をどう分析処理していくのかが大切です。その分析処理の正しさとは先に言いましたように、神仏の心である中道です。中道とは自分というものを中心とした綺麗・汚い、良い・悪い、好き・嫌いなどというような両極端の価値観をもたない心です。普通はこの中道を離れた我欲の価値観で分析処理をして自分の気に入ったものだけを集めて執着をつくり結果として自分を苦しめていきます。その意味でこの正見から始まる八正道をマスターするためには神仏の心である中道とは何かを学ぶ必要があります。中道の心とは善悪・美醜などの価値観で分類せず愛の心で包んでしまう心です。この愛は男女の愛とか家族愛、地域愛、愛国心というような愛ではありません。時と場合によっては悪をも許す心です。道徳にはこの心がありません。もちろん悪をも許すというのは悪をしてもいいという意味ではありませんが、この愛の心で見たとき相手を許すこともできますから自分の心に苦しみを作らないのです。それゆえ正しく見るということは自分の心に苦しみを作らないための第一歩です。

二、正思…正しく思うこと

思うということはどういうことでしょうか。人々の話を聞いていますと、思うと考えるが混同されて使われているように思います。次の言葉の違いを感じて下さい。「私は貴方のことを思う」「私は貴方のことを考える」まず考えるは客観的に筋道を立てて判断することを示し、思うは主観的で感情的な心の働きを示すものです。その人の一瞬一瞬の思いです。相手の立場に立って思いなさいと言われても実際にしているのは相手のために考えているのではないでしょうか。お釈迦様が正しく考えなさいではなく、正しく思いなさいと言われた意味をよく考えてみましょう。正しく思うとは神仏の心である愛と中道の思いを常に心に抱いて、邪悪な心を持つことなく常に神仏を思い、神仏とつながった状態で生きて行くことの努力が正しく思うことの意味だと思います。そのようなことを心がけていると結果として、自分の心に苦しみを作らなくなるでしょう。その意味で正しく思うことの第一義は他人様のためではなく自分のために正しく思うことではないでしょうか。このようにいうと自己中心的と誤解されそうですが、自分の心に苦しみを持っていては、他人様への愛の思いなど出せないからです。心に苦しみがなくて自他ともに愛する心が湧いてきたときに次の正しく語ることもできるようになるのではないでしょうか。

三、正語……正しく語ること

これも既成の解釈ではお釈迦様はただ正しく語りなさいと言われただけなのに、善悪の二分法に囚われて、「正しく語りなさいと言われたら、「はい、わかりました。不妄語、不綺語、不悪口、不両舌に勤めます」というように禁止事項の方へもっていきます。これでは心は暖かくなりません。

お釈迦様は正しく話しなさいではなく、正しく語りなさいと言われています。話すというのは口に出して声で伝える行為を意味し、語るとは内容を伝えるというその結果に重きが置かれます。語は言に吾と示します。言葉は吾の言霊であって生きたエネルギーです。そのため言葉には力がありますから不調和な言葉は相手を傷つけたりまた逆に自分の心を傷つけたりします。そのため正しく語るためにはまず、自分の心の中に不調和なエネルギーを作り出さないことが求められます。それを心がけると自分の心を常に調和された神仏のエネルギーとつなげていくことになります。そうすると結果的に自分の心が幸せになるでしょう。私は八正道の正しいという文字を愛という文字に変えて説明をしますと言いました。すなわち自分の心を神仏に通じる安らいだ愛の心で満たさないかぎり、愛の言葉で語ることはできません。ですから正しく語るということも、その原点は自分の心にあるわけで、まず自分の心を安らいだ愛の心に導くことが大前提になりますので、正しく語ることを心がけるということはまず自分を幸せに導くことから始まるといえましょう。

四、正業…正しく仕事をすること

これも自分に与えられた仕事を間違わずに正しくすることのように理解すると、そんな誰でもわかるようなことをお釈迦様がわざわざ説く訳ないでしょうと言いたくなります。

この仕事とはこの世に生まれた人間の人生の目的と使命に関係するのではないでしょうか。私達は天上界から生まれるときにただ漠然と生まれて来るのではなく、神仏の子としての仕事を携えて生まれて来ているように思います。その仕事とは神仏の心である大調和をこの地上で具現することではないでしょうか。お互いが仕事を通じて大調和の世界を構築するという意味がこの正業と感じます。そしてこの大調和とは物質文明社会の大調和という意味ではなく人間関係において構築される大調和であるべきなのです。

五、正命…正しく生きること

これも悪いことをせずに正しく生きることというように、誰にでも理解できる意味ではないと思います。何のために正しく生きるのかについては先に示した十二因縁を思い出して下さい。正命の目的は十二因縁から解脱するために自分のカルマの修正をするということでしょう。カルマ（業）とは六根から派生する煩悩の元を作っていく心の癖です。この癖の修正によって自らの心が円満になるとその影響を受けて自らだけでなく、周囲も円満になります。そのような自己の形成をしなさいというのが正命の心と感じます。

六、正精進…正しく精進すること

仏道に精進しなさいということですが、この精進において私が理解するところは、八正道を実践する心を片時も離さず保ち続けることと思います。皆様は仏道に精進と聞くと何を想像されるでしょうか。毎日仏像の前で経文を唱えたり、また修行として滝に打たれたりすることなどを想像されるでしょうか。

でも考えてみて下さい。お釈迦様が在世中にその弟子達に対して私の仏像を造り、私が説いた仏道の教えを経文にして私の仏像の前で日々一心に唱え続けなさいとは言われていません。また危険な険しい山を登って滝に打たれて修行しなさいとも言われていません。もとよりお釈迦様は肉体行を否定されています。お釈迦様が弟子に対して精進をしなさいと言われたとすると、それは私の説く仏法、すなわち四諦八正道をよく理解して日々の生活で精進しなさい。そして大調和の仏国土を作り上げなさいということでしょう。

大調和の仏国土は物質文明の謳歌ではなく人間関係の調和の下に成り立つものですからこの世に生まれ出た者同士が互いに調和を図りながら自分の魂を向上させる意識を持つことでしょう。魂を向上させることのできるのは人間だけで動植物にはできません。万物の霊長としての特権です。しかしこの精進もちょっと怠ると今まで時間をかけて登ってきた道をころがり落ちます。落ちる時はあっという間ですから気をつけましょう。

七、正念…正しく念じること

念は目的意識であり願いです。そして念はエネルギーの働きとして物を引き寄せます。この念についてはその昔、天台智顗が一念三千といって念のエネルギーはこの世だけでなく念の波動に相応した次元の違う世界に通じて天国にも地獄にも通じるのでくれぐれも心して念じるようにという意味を説いています。そのため念の方向性を間違わないようにしましょう。念が祈念となったとき祈りになります。祈る相手は神仏になります。神仏への祈りをするときには神仏への感謝の心がなければなりません。その意味で正しく念じるとは常に神仏への感謝に基づいた祈り心で日々生きることを表しています。

八、正定…正しく反省し瞑想をしなさい

神仏の愛の心で反省して、そして親なる神仏と交信するための瞑想の時間を持ちなさいという意味です。参考文37.に通じます。何のために反省をするのかというと自らの間違いを裁くためにするのではありません。その間違いをする心の癖（カルマ・業）を認識して、

今後そのカルマに振り回されないようにするために反省をするのです。そして反省したら今後はそのカルマに振り回されない自分になるわけですから、ある意味救われた感覚になります。

反省で注意しなければならないのはカルマに振り回されている自分に対して悪いことであると裁かないことです。そうではなくてカルマに振り回されることは苦なのであると認識して、苦の中にいる自分を救い出すことを決意することです。カルマからの解脱を頑張りましょうと自分を励ますのが反省です。間違いや悪いことを犯した自分を裁いて申し訳なかったと謝るのが反省ではありません。

そして反省後は自分を苦しめるカルマから解脱して安らいで行く自分をイメージして神仏と繋がった感覚を心に抱きながら瞑想に入っていきましょう。

以上が日々行ずべき八正道についての簡単な説明ですが、この八正道は日々の心と行いの指針と言うだけでなく、長い人生で自らの心・魂に溜め込んだ曇りを取る作業にも使われます。ともかくこの八正道は自分を裁くために使うのではなく、なによりもまず自分を幸せにするために使うのだという方向で使いましょう。これを言うと自己中心的だと言う人がいましたが、自分が不幸のままでどうして他を幸せにできるでしょうか。まず自分が幸せになっていくことでその副産物として他も幸せになるというのが道理です。
なお最後に一言、これを書いている私とて八正道を完成して書いているのではありません。お釈迦様も誰もが百パーセント八正道を完成できるとは思っておられないでしょう。ですから反省の所でも言いましたが、一日を振り返って八正道が行えなかったとしても自分を裁かないことです。大事なのは先のお経を唱える時の心構えと同じく、八正道を行うという誓いの心を持って日々生きることが大切であると感じています。

無智亦無得以無所得故

口語訳

智もなくまた得ること無し　得る所無きを以てのゆえなり。

この地上では何かの知識を得ようとすると、学びというプロセスを経ないと得ることはできません。また何かを手に入れようとするとそれを得るための努力や時間が要ります。然し空の世界ではこのことについて参考文10.をご覧下さい。
質問と答えに時間の差が全くないことを表しています。「質問＝答え」です。また参考文28.もご覧下さい。すなわち高次な世界では何かについて疑問を持つと、その何かの概念が構造体としてその人の心に瞬時に入ってくるということで、この世的に翻訳すると何かのシステムについて尋ねれば、そのシステムの説明を受けて理解するのではなくシステムそのものが瞬時に構造体として自分の中に入ってくるという意味になります。すなわち〝そのことがわかる〟という状態になることを示しています。これをもう少しこの世的に翻訳して一つのたとえでお話をします。このたとえ話は五蘊皆空の説明のところで物にも生命があると言いましたことを参考にして読んで下さい。

では皆様の前に一つの陶器があると想像して下さい。その時この陶器はどこで作られた物だろうと疑問を持ったとします。するとその瞬間に陶器の材料がどこの土地で採取された土か、そしてその土がどのように加工されて、誰が色付けをして、どの窯で焼かれて、誰が値段をつけて店頭に並べて、誰が買っていまここにあるのか、さらにその陶器という物質を構成している分子構造はどのような分子構造なのか、ということが説明を受けてわかるのではなく瞬間に〝わかる〟ということなのです。なぜなら自分がその陶器を構成しているエネルギーと一体となる訳ですから、「陶器＝自分」となる訳です。そうするとその陶器は自分ですから自分のことは他人に聞かなくても自分自身が一番よくわかる訳です。

だから聞かなくても〝わかる〟のです。ですから参考文28.に示す高遠な概念の一大構造物、圧倒されるばかりの生きた思潮の構造体であったという表現は本当に素晴らしい表現です。

それゆえ心経のこの部分が説いているのは、空の世界の高次元では、何かの知識を得るための努力は必要なく思えば即わかる世界であるということを示しています。そしてそういう世界に入るとどうでしょう、私にはわからないものはないという心境になります。さらにこの参考文から推察できるのは、何かのものを思えばそれが現れる世界であることがわかります。そうするとこれもまたどうでしょう。あれが欲しいと思うと即それが現れる世界であることがわかります。そうであるならばもうすべてのものを手に入れたのと同じ心境になります。その心境になるともうあれが欲しいこれが欲しいと思って何かを得る心もなくなってしまうでしょう。すなわち自分は何もかも具足していて外から何かの知識を得るとか、その他の何かのものを得るというようなものは、何もないという心境が無智亦無所得故の意味でしょう。

なお余談ですが、大いなる悟りを開いてこのような高次元の世界と繋がった人はどうでしょう。たしかに地上では不自由にも感じることもありましょうが、本来の自分とはそのような存在であることを悟ると一切の執着がなくなってしまうでしょうね。その心の状態は清らかで一切の波が立たず、四方の景色を写す鏡面のようになった湖面のごとき心でおられるでしょう。ですから般若心経では無所得故の次に心に罣礙無しという表現へと繋がっていくのです。

実はエベン・アレグサンダー氏の本と出会うまでは、無智亦無得以無所得故の意味が腑に落ちていなかったのです。ある本では経本の文字だけをみて得る所無しのところを、所得なきを以てと解されていました。所得と読んでしまうと現世の所得のような感覚になり的外れになります。本当に再度いいますがこの本に出会えたことを感謝します。

菩提薩埵依般若波羅蜜多故心無罣礙無罣礙故　無有恐怖遠離一切顚倒夢想究竟涅槃

口語訳

菩提薩埵は般若波羅蜜多故に、心に罣礙なし、罣礙無きが故に、恐怖有ること無く、一切の顛倒夢想を遠離して、涅槃を究竟す。

菩提薩埵は悟られた方々の総称です。この箇所の意味を説明しますと、このように悟られた方々の心はパニャーパラミタなる偉大なる仏智の宝庫が開かれて迷いや執着が全くないので、一点の曇りもない綺麗な大きな鏡のような心であり、神仏の光明に光輝いているので一切の魔の影響を受けることはないので恐怖心を持つことはない。そして人間はこの世が幻であるのにそれを実在であると勘違いして多くの苦しみを作るが悟られた方はこの世が全てであるというような真理とは真っ逆さまであるという意味の顚倒した思考を離れて、真に実在であるのは空の世界であり、自分の魂の本質に目覚められているので常に不動の涅槃状態を保たれているのである、という意味になります。

三世諸仏依般若波羅蜜多故　得阿耨多羅三藐三菩提

口語訳

三世の諸仏は、般若波羅蜜多に依るが故に、阿耨多羅三藐三菩提を得。

人間は三世を流転する存在であることを厳然と示している箇所です。なお、阿耨多羅三藐三菩提というのは三世を見通す仏陀の悟りの境地に名付けられた固有名詞ですからこの言葉に対する解説はありません。さて今更言うまでもなく、三世とは過去世、現世、来世です。これについては「袖すり合うも他生の縁」の所で述べたとおりです。ともあれ三世という言葉がある訳ですから仏教徒ならこれを素直に受け入れなければなりません。

しかし今の僧侶たちもあの世のことはわからないと言います。それはそれでいいのですが、仏弟子ならばあの世のことはわからずともお釈迦様が言われた三世があるということを百パーセント受け入れなければなりません。仏陀が言われたことが信じられないならもう仏弟子を辞めるしかないでしょう。

この三世の転生ついて皆様に紹介したい弘法大師の言葉があります。それは般若心経を解説した般若心経秘鍵の最後に書かれた次の文です。ここでは原文で示します。

昔予陪鷲峯説法之筵親聞是深文 豈不達其義而已

入唐沙門空海上表〃

これは弘法大師が般若心経の解説を終えたその最後に示された文です。この意味は、予は（私は）その昔、説法の筵にはべって親《まのあた》りにこの深文を聞きその義に達せざらんやまくのみ。入唐沙門空海上表と書かれているのです。

鷲峯に言うのはお釈迦様が法を説かれていた山のことです。ですからこの意味を直接訳すと、私はその昔にお釈迦様が法を説かれていた霊鷲山《りょうじゅせん》の説法の筵にはべってお釈迦様の法を直接聞かせて頂いたので、このたび般若心経についてはこのようにその真意を伝えることができるのです。入唐した空海が謹んで君主様に奉りますという意味です。

この部分が学者達の議論の的になっています。いや議論することを避けていると言っても良いでしょう。なぜなら弘法大師は西暦七七四年に日本で生まれた方です。お釈迦様は諸説ありますが、紀元前六百年頃に生まれた方です。その意味で普通では絶対にありえないことが書かれていますのでこれは大師の筆ではなくて後世の人が大師の筆に似せて大師を聖人化するために書き足したものであるとか色々な意見が出ています。

いまの学者においてはこれは偽りの書という立場が趨勢となっています。何故この文章を読んで弘法大師は三世を貫く悟りに到達されていて過去世の記憶をしっかりと思い出されていたと解釈できないのでしょうか。彼等学者達には人間が大悟して三世を見通すことができるようになったとき、過去世の記憶が甦るという発想がないのでしょう。哀れなことです。

一説には弘法大師はお釈迦様が在世当時仏陀教団に多大の貢献をされたガランダ長者で

あったという説もあります。その真偽は別として、弘法大師がその昔、唐の国に渡ったとき、古代インド語を駆使して経本を翻訳したり、天竺からきた商人や僧達と通訳なしで自由に会話しているのを見て、日本の遣唐使達は、空海はいつの間にサンスクリット語も勉強したのだろうまさに空海は天才である、というような表現をしています。弘法大師がもうその時点でインド時代の過去世の意識を開眼していたとすると、サンスクリット語がわかることに何の不思議もありません。

なおこの過去世の記憶を開眼して当時の言葉を話すことについては、聖書の使徒行伝第二章に書かれていることがまさにそれを表しています。そこには異邦の言葉をしゃべる使徒達とそのとき居合わせた異邦人達が驚く様子が書かれているのです。その様子とは使徒の皆が聖霊に満たされ御霊が話をさせて下さるとおりに他国の言葉で話し出した。エルサレムには天下のあらゆる国から多くの人が来て住んでいたが、それらの人達はそれぞれ国が違う自分達の言葉を使徒達がそれぞれの国の言葉で話すのを聞いて驚きあきれてしまった。私達のいろいろな国の言葉で神の大きな御業を語るのを聞こうとはいったいこれはどうしたことかと言い、また他には彼等は甘い葡萄酒に酔っているのだと言ってあざける者達もいた。その時ペテロは立って声を張り上げて、今は朝の九時です。あなた方が思っているようにこの人達は酔っているのではありません、と言ったと記されています。

ただしこの使徒行伝第二章に書かれていることについては聖書独特の言い回しによって具体的に彼等使徒達は過去世の記憶を開眼して当時の言葉を話しているのだと書かれていないので学者達はそのように理解していません。

しかし頭だけで理解するのではなく、先の五蘊皆空のところで話をしたような特別な能力（本当は特別な能力ではないのですが）を持つような精神世界を探究している人達の世界ではこの使徒行伝第二章に書かれていることは正に過去の転生で生きていた時代の意識を開眼してその当時生きていた国の言葉で話をしているのだというのが定説です。

このようなことが理解できない学者達はともかく自分の知識でしか判断することしかしないので、もしかしたら弘法大師は過去世を思い出していたのかもしれない、すなわちもしかしたらかも知れないという心の柔軟性がないのです。

ただ私のように信仰者として自由にものが言える立場ではない学者の場合、もしかしたらそうかもしれないというような非論理的な推測だけでものが言えないという立場はわからない訳ではありません。ただ信仰の世界に生きる僧侶の立場にある者が自分の知では理解できないことを否定するような傾向が見られることに危惧を感じています。

ともあれこのように物事を自分の知だけで理解しようとする彼等は弘法大師の次のことについてもただの伝説にしようとしています。それは弘法大師が唐の国から三胡杵を投げたらそれが高野山に辿り着いていたという話です。

たしかにこの地上の人間の術からするとこのようなことは絶対にできません。

しかし、この話を否定する人は地上の人間空海だけを見ていて高次元霊天上界の諸霊たちのことは念頭にないと思います。大宇宙を創り給うた偉大なる神霊の境地にまで到達されている諸霊の力を借りれば物質をエネルギーに変えてまた他の場所に物質化することくらいはいとも簡単なことと言えるのです。

またその昔には役行者や法道仙人はその重い肉体を神に通じる力で天高く持ち上げて空中移動していたとされています。そのような力をもってすればほんの小さな三胡杵を空中移動させることくらいはいとも簡単なことです。浅はかな人間の知を超えた話に対しては、自分の硬い頭ではわからないが、自分の思考を超える世界があるかもしれない、という心の柔軟性がいると感じます。

故知般若波羅蜜多、是大神呪　是大明呪　是無上呪　是無等等呪　能除一切苦真実不虚

口語訳

故に知れ、般若波羅蜜多は、是れ大神呪、是れ無上呪、是れ無等等呪、能く一切の苦を除く、真実にして虚しからざるなり。

この箇所の意味は、故に知りなさい。この悟りの教えは、これ偉大なる神の真言（神理）でり、これより上のない神理の真言であり、この神理と等しくともこれを勝る神理はないのである。この神理こそ能く一切の苦しみから解脱できる虚しからざる真実の神理である、という意味です。

さて般若心経は仏陀が説かれた神理を説くものですから仏説摩訶般若波羅蜜多心経といいます。では巻頭に仏説と記される経文の中に今まで縷々説かれてきた神理はこれ偉大なる神の呪であると書かれている訳ですから、究極に集約して言いますと仏陀が説いた神のご真言（神理）ということになります。

ここで示される神とはイエスの神でもなく、もとより日本神道の神でもありません。また古代ヴェーダに出てくる人格神的な神々ではなく、この大宇宙と全ての生命を生みだし

た根源の神として理解するのが一番相応しいと思います。これまで私がサムシング・グレートと表現してきた神、大宇宙とその法則を存在させている神、三次元的大宇宙だけでなくはるか高次元に至るまで充ち満ちている愛の意識のエネルギーとしての神。

このように理解して頂きたいと思います。ただこの神は参考文38をご覧頂いたらお分かり頂けるように人間がそう簡単にイメージできるものではありません。

そして大宇宙大自然界はこの神の愛の意識エネルギーで創造されたものであり、その中で私達は生命を頂いていますから、この愛の意識に反するエネルギーを出したときにその反動が自分に表れて苦を招きます。

そしてこの経に説かれている神理は無明という迷いの闇から解脱して偉大なる光明の世界に入ることのできる神理であり、ましてや神の神理ですからこれに勝るものがない無上のものです。また無等等呪とは、過去現在未来をとおしてこのような仏陀と同じ悟りを得て等しくこの神理を説く方はこれからも現れることがあるでしょうが、この大宇宙においてこの神理を超えるものはないと説かれています。そして能除一切苦真実不虚とは全世界の衆生を苦しみから解脱させることのできる真実の教えであるという意味です。

故説般若波羅蜜多呪　即説呪曰　羯諦　掲諦　波羅掲諦　波羅僧掲諦　菩提薩婆訶

口語訳

故に般若波羅蜜多を呪に説く、即ち呪に説いて言うと

ギャテイ　ギャテイ　ハラギャテイ　ハラソウギャテイ　ボーディソワカ

この掲諦以降の文字は梵語の発音によく似た音の漢字を当てはめただけですから文字そのものには意味はありません。敢えて原文である梵語での意味をいうと、ギャテイは行きましょう、行いましょう、という意味です。またハラとハラソウという言葉はさあ、さあさあ、と強く促す意味の言葉です。ですからハラギャテイ　ハラソウギャテイとは、さあ行きましょう、さあ行いましょう。さあ、さあ行きましょう、行いましょう。そしてボーディソワカ　菩提の悟りの境地に到達しましょう、という意味になります。

では、ここでこのようなご真言をどう取り扱うのかについて少しお話をします。まず真言を梵語でいうとマントラと言います。このようなご真言の類は真言自体の意味についてはあまり考える必要はないと考えます。諸如来諸菩薩には各種ご真言がありますが、たとえば当方でお祀りしている十一面観音のご真言を梵語に忠実に発音すると、「オーム　マ

ハー　カール　ニッカ　スバーハー」となりその意味は「帰依します　偉大なる　慈悲を持ちたる尊よ　成就あれ」になります。

御仏の御前でこの意味を知って唱えますと、言葉が文章化されて頭の中を流れていきます。そうなるとマントラとしてのご真言ではなくて一つの言葉となります。このような言葉になると私は十一面観音様に帰依するために唱えていますという思考が働きます。そうなるともはやマントラではありません。ご真言とは思考でとなえるのではなくその音に触れながらその音の波動によってその御仏と一体となるために唱えるのです。そのマントラの音に御仏と繋がる力があるのです。あえて言えば意味などは関係ないと言ってもいいでしょう。

現代の何かに例えて言うなら特定のサイトに入るためのパスワードと考えて頂いてもいいでしょう。パスワードとはその文字列の意味には関係なく、この文字列を入力すればそのサイトに入ることができる。そのようなものがご真言だと理解して下さい。

ですから般若心経を学ぶという意味ではなく、精神統一のためのグッズとして唱えたいと思う人は、般若心経の全てを唱えなくても、この最後のご真言を唱えながら精神統一をして瞑想に入るという使い方をして頂いてもいいと思います。

なおこの瞑想に入る時の注意点として、自らの心に何かパワーを頂きたいとか、ともかく無になりたいとか、何らかの欲望をもって瞑想に入ることは絶対にしてはいけません。先に真言とはその御仏と一体となるために唱えると言いましたが、自分から一体になりたいと思って唱えると、それが欲望にすり替わってしまいます。そうなると霊界の良からぬものがすり寄ってきます。たしかに真言を唱えて御仏と一体となるために瞑想するのですが、一体となれるかなれないかは御仏にお任せしましょう。（本当は元から一体状態なのですが）この点をくれぐれも間違わないように注意して瞑想して下さい。

さてお釈迦様が涅槃に入られる直前に師の死を悟った弟子達が、お釈迦様に対して師の亡き後、私達は何を頼りにして生きていったらようのでしょうかと尋ねました。するとお釈迦様は今後もし道に迷ったならば、私の説いた法を道しるべの灯明にして歩みなさい。また暗い道を歩む時はこの法を自らが行じることで自分自身が光輝いてその光で道を照らして歩いて行くがよい、と述べられました。

これは仏教徒としては誰もが知るところの有名な法灯明、自灯明の話です。すなわちこの仏陀の教えを行じたら、神の光が入ってきて自らが光輝く状態になるのです。ともかく仏法はお釈迦様の説かれた法を行じることが大切です。その行じ方は苦行をしたり、ただ一心に経文を唱えることではなく、まず神理を理解して自らの心と行いに反映させていくことではないでしょうか。

私はこの本で宗教学者達についていろいろ言いましたが、では自分はどうなのか、このように般若心経の意味を理解してくると、神仏からそれだけわかっているのなら一日も早く心の垢を落として日々神理の実践に努めなさいとお尻を叩かれているような気がします。

以上般若心経を私なりに解釈してまいりましたが、最初に言いましたように臨死体験をした人が発表した著書と関連付けて解説している本は他にはおそらくないでしょう。しかも参考にした著者はアメリカ人で仏教も何も知らない人です。その人の言っていることと般若心経が通じるということは、神理は太陽のように西洋東洋ならびに人種を問わず万民に共通するものであるということです。その意味で般若心経に説かれている神理をただ仏教の経典としてのみ扱うのではなく、全世界万人共通の神理として学んで頂きたいと願っています。

コロナウィルス禍で見えた宗教の在り方

新型コロナウィルスという病魔が全世界に蔓延し尊い多くの人々の命が亡くなりました。そしてまた多くの人々が生活に困窮し、辛い日々を送りました。

この惨禍において宗教はどのような役割を果たしたのでしょうか。この日本においては多くの寺社で病気終息の祈りがなされました。でもこの本の巻頭で阪神大震災の時に神仏にお祈りしても食料や水や毛布が降ってくるわけがないと言いましたように、いくらお祈りしても現実には多くの人々がこの病魔に対して具体的に行動をしないかぎり、終息することがないのは事実です。行為を伴わない祈りは真の祈りではありません。祈りの結実を望むならば神仏の意に叶う祈り心で日々実践することが求められます。

その意味で、非常事態宣言が出されて全国民に外出自粛が求められた時、やむを得ず、お寺を閉めることにしました。当方のお寺は檀家の人がお参りに来る檀那寺という面より市区町村や他府県の境を越えて広範囲の寺を巡る巡礼信仰のお寺であるという面を考慮して、もしこの時点で巡礼の受付を開放しているということは、どうぞご自宅から出て巡礼に来てもらっても対応しますよと、言っているようなものです。今から思えば広範囲の地域を巡る巡礼をこの時期だけは自粛して頂くように、霊場としてメッセージが出なかったことに考える所があります。

そしてこの度のことでちょっと杞憂したのが、もしかしたら人々の心から宗教が離れていくのではないかということでした。

これからお話しするのは、あくまで仮定としての話ですが、たとえばもし、ある人から次のような質問が出たらどうするのでしょうか。

まず一つの例として全国の薬師如来様をお祀りするお寺でそれぞれが新型コロナウィルス終息の祈願をしたとします。

「お薬師さまは元々病気平癒を司る仏様ですよね。その仏様が存在するのに何故このような病気が世界に蔓延するのですか？　また薬師如来をお祀りする全国のお寺で祈願がなされたようですが、お薬師様は頼んで頼んで頼みこまないと私たちのために働いて下さらないのですか？　さらに、私達は仏の子と教わりました、ということは仏様が私達の親ということですよね?」

「それをこの世の人間界の親子に当てはめると、我が子が病気で苦しんでいるのをみたら子供から助けてくれと頼まなくても手を差しのべるのが親というものではないのですか?いったいどうなっているのですか?」こんな質問を受けたらいかがでしょうか。

またお薬師さまだけでなく、観音さまについても同じです。この度のコロナウィルスで多くの方が苦しみました。また自殺者も生みだしてしまいました。自殺した人の中には自殺するまでにどうか神様、仏様、救ってくださいとお祈りをしていたかもしれません。大慈大悲の観音様はどうしてこのような方々を救って下さらなかったのですか?

もしこのような質問をなされたら、宗教者はどのように答えるのでしょうか。人というものは本当に悲惨な目にあったときには、神も仏もあるものか、という心情になります。その昔、広島で原爆に遭い大やけどを負いながらも家族の中でただ一人幼い自分だけが生き残った女性から、当時はそのように思ったという言葉を聞いたことがあります。

いまは、宗教と言えば、神仏にお祈りをして救って頂くためにあるように思っている人が多いのではないでしょうか。

今から二千五百有余年前に地上に現れた仏陀ことお釈迦様は霊天上界の諸仏に対する祈

りも説かれましたが、主として説かれたのは神理に添う生き方を説かれたのです。正しい心の物差しをもって正しい神理の道を歩むことを説かれたのです。祈って救われましょうということを主に説かれたのではありません。またイエス様もミサの仕方を説かれたのではないでしょう。イエス様が説かれたのは人を愛せよという人が行うべき道を説かれたのが主たる教えであったはずです。このような慈悲や愛という神理に叶う生き方をしたときに天上界の扶けを受けることができるという教えであったのです。

この度のコロナ禍で全世界の宗教者がコロナ終息の祈願をしていましたが、その宗教者達は霊天上界の偉大なる存在達のことをどのように思っていたのでしょう。

私から言わせると、この天上界の諸如来諸菩薩や大天使のお力をもってすれば、新型コロナウィルスを瞬間に消滅させることなどいとも簡単にできるはずです。

しかし、それをためされないのはなぜなのかということに心を巡らせた上でお祈りをしないといけません。

仏教の縁起の法でこのたびのコロナウィルス禍を見れば、これが現れるだけの因があり縁があって全世界に広がるという果が現れました。ここでいう因とは、ただ単に誰かのミスでウィルスを放出したからというような、この世的な原因を言っているのではありません。もしそれが誰かのミスであったとしても、霊天上界の偉大なる存在がそのミスを止めようと意図されれば止めることはいとも簡単であったはずです。

私は、これらのことを考えたとき、この度のコロナウィルス禍は神仏から人間に与えられた一つのお諭しであったのではないかと感じています。

このお諭しを示されたおかげで、人類の誰もが、人に慈悲の心を向けること、人を愛すること、他の人のことを思うことの大切さを再認識する機会となったのではないでしょうか。

ことに医療従事者の方などは本当に大変であったと思います。そのような人達のことに思いをめぐらせて、自分の取るべき行動を考えることは、まさにお諭しに添い自らの心に慈悲と愛の心を問うことであったと思います。

然しながら当方でも非常事態宣言が出されてまもなくのこと、世の中が一番緊張していたときに他府県から巡礼で来た人が多々ありましたので、自粛を促すと何を偉そうにしているのやと悪態をついた人もいました。これらの人達は宗教に向かう姿勢が根本から間違っています。

でもなぜそのような人達が現れるのかを考えたとき、そのような人達を作り出しているのは宗教が本来のなすべき使命を果たしていないからではないかと感じました。

宗教の使命とは、真実の法を説教して、人々の心に正しい物差しを与え、神仏の意に添った慈悲と愛の正しい行いをできる人を作り上げていくことにあるのですが、現状を見ると多くの宗教者がしている教化説教は、仏を讃えて仏にすがって救われること、寺社にお参りすることを促すための教化説教になってしまっているように感じます。なお、これは他人事ではなく過去の私の姿でもあります。

この度のコロナウィルス禍のような厳しい時に、もしお釈迦様やイエス様がおわしましたならば、このような苦難の時であればこそ、多くの人々に対して正しく生きよう、慈悲の心をもって人と接しましょう、愛の行為をためしましょう、扶け合いましょう、仏の子、神の子としての本性を見失わないように、それを見失ったならば今世だけではなく、未来に待ち受けているものはたいへん厳しい現実である、と声高らかに叫んでおられたのではないでしょうか。

幸い私が杞憂したような宗教離れは起きなかったというか、そこまで宗教について考える人もなかったというのが正直なところでしょうか。

なお、私がここでコロナウィルス禍は神仏からのお諭しという言葉を使ったことを以て、戒めのように取られた人もいるかもしれませんが、そうではありません。神仏がお諭しされるのは我が子のためにされるのですから、十二因縁による人生の目的と使命という観点からみると、この機会を利用して魂を向上させなさいということです。

しかしながら、本来は扶け合わなければならないのに、国と国で対立したり、また身近なところではマスクの買い占め、自粛無視の外出、医療従事者への不当な差別、ＳＮＳを通じて勝手な発言等々、折角の機会であるのに、自分の魂に重い重い業（カルマ）を上乗せしてしまった人達が数多くあるのは哀れなことです。

でもこの機会に多くの人々が一生懸命に頑張りました。行政や医療従事者の人達はもとより、事業、従業員、家族などのために頑張った人、また真面目に外出を控えて頑張った人、その他、心から世のため人のために頑張った人達の魂は、この度の人生経験をもって、より一層高い次元へと導かれていくことでしょう。このような方々に心からの敬意を表します。

おわりに

最後までお読み頂きありがとうございます。巻頭で申し上げましたように阪神大震災を縁として神仏と人間との関係とは、宗教とは、また巡礼とは、ということに心を配って参りました。

宗教を語る上において、人間はどこから来てどこへいくのかなど、目に見えない世界のことを避けて通るわけにはいけません。その意味において、今回紹介しているエベン・アレグサンダー氏著の『プルーフ・オブ・ヘブン』と『マップ・オブ・ヘブン』との出会いには本当に感謝しています。

この本に書かれていることはあの世とこの世を貫く真理であって宗教ではありません。そしてこの本との出会いでいままで腑に落ちなかった色即是空の真理が理解できたことはこの上ない喜びでありました。ただ理解できたとはいえ、私としてはまだ知の領域を超えてはいませんが、たとえ知の領域であったとしても、この世にある全てのもの、物質だけでなく私達の意識・心・魂というものも含めてすべてのものが根源の神なる存在が存在させているということがわかったことは本当に嬉しく感じています。これは参考文の45.の喩えにあるように私達はどこにいても神の海の中で生きているということですが、それに気がつくことが大切なのでしょう。それに気づくための一つの方法が日々の生活においては参考文の37.に示すような行為なのですが、大自然の中を歩む巡礼というものも真理から外れた信仰形態ではなくそれに気づくための行為であることがわかり、巡礼信仰の上に立つ寺院の住職として今後も真の布教教化ができる自信を得たことを感謝しています。

その教化布教という意味で今まで巡礼者への法話を「その一」から「その三」まで作成してきました。今回それをまとめると共に新たなるものを加筆して拙書を作成しましたが、今後さらに一層精進して法話集を「その四」以降へと続けてまいりますので、よろしくお願いいします。

令和二年夏

花山院貫主　山本光洋　合掌

引用参考文献

エベン・アレグサンダー氏著『プルーフ・オブ・ヘブン』と『マップ・オブ・ヘブン』から。

『プルーフ・オブ・ヘブン』（白川貴子〔訳〕　早川書房）から

1.この体験から私の得た結論は、医学的観点による分析と、脳科学分野の最新の研究にかかわる知識にもとづいて導かれたものである。 P20

2.地中深くに潜っているミミズかモグラのような目で、周囲の絡み合った木の根を眺めているような具合だった。…中略…そこにいる時間が長くなってくると、落ち着きが悪くなってきた。最初のうちは、薄気味悪さと馴染み深さがない交ぜになった、周囲と自分との間に境界がない状態に溶け込んでいたのだが、時間も境目もないところに深く沈み込んでいる感覚がそのうちに変化し始めた。こんな地下世界は自分の居場所ではない、閉じ込められているのだと感じ始めた。 P46 P47

3.自分が何であれ、ここにいるわけにはいかない。ここを出なくてはならない。出ると言ってもどこへ？

そのときだった。それを自問していると、上方の暗がりから何かの姿が現れた。…中略…私が一生をかけて説明しても、こちらへ近づいてきた存在の美しさを表現することはかなわないだろう。 P48

4.私は上昇し始めた。猛烈なスピードだった。ヒュッと音を立てて開口部をくぐり抜けると、見たこともない別世界が広がっていた。…中略…下には田園風景が広がっていた。青々としたみずみずしい緑の……地面。地面ではあったが、同時にそれは地面ではなかった。…中略…私は木や野原、小川や滝を見下ろしながら飛んでいた。あちこちに人の姿も見えた。楽しそうに遊んでいる子どもたちの姿もあった。 P55 P56

5.どれほどの時間そうして飛び続けたのかはわからない（そこでの時間はこちらで体験している線的な時間感覚とは異なっていた。そのほかの側面もそうなのだが、それを説明するのは絶望的に難しい）。 P57

6.そばにだれかがいるのがわかった。隣を見ると、それは深いブルーの目をした頬骨《ほおぼね》の高い、美しい女性だった。…中略…私もその女性も、生き生きとした絶妙な色で彩られた、複雑な模様の平らなもの――蝶の羽根に乗っていたのだった。 P57

7.女の人は言葉を介さずに私に話しかけてきた。メッセージはそよ風が吹き抜けるようにして伝わり、真実を伝えていることが瞬時にわかった。 P58

8.そこでは見えるものと聞こえるものに区別がなかった。上空で銀色にきらめいている存在の美しさを〝聞き取る〟ことも、その輝く存在たちが謳《うた》いあげている喜びの炸裂を〝見て取る〟こともできた。その世界では、なにか神秘的なかたちで自分自身がその中に溶け込んでしまわない限り、何も見えず、何も聞こえないように思われた。 P64

9.あの世界ではどんなものであれ、〝対象を見る〟ことはできなかったのだろう。そこには格助詞の〝を〟が表す分離の概念が存在していなかったからである。すべてをはっきりと識別することができたが、同時にすべてが周囲の一部でもあった。 P64

10.ひとつ無言の質問をするたびに、電光石火の速さで答えが返ってきた。答えは光と色と美が渾然一体となって爆発し、怒濤のように押し寄せるかたちで返された。…中略…思考が直接私になだれ込んできた。だが思考と言っても、それは地上で体験する類の思考ではなかった。…中略…ふつうであれば理解するのに何年もかかりそうな概念がすんなりと腑《ふ》に落ちた。 P65

11.広大な虚空の中へ入っていった。果てしない広がりが続くまったくの闇だったが、そこでは限りない安らぎも感じられた。漆黒の闇であるにもかかわらず、光も満ち溢れていた。すぐ近くにいる気配のする光の球体、オーブ（玉響《たまゆら》とも言う）のひとつが放射している光らしかった。 P65

12.私の置かれた状況は、子宮の中の胎児に似ていた。…中略…私の場合は胎児の〝母親〟に相当するものが、宇宙とそこにあるもの全体の母体、言い換えれば神や創造主、根源などと呼ばれる存在だった。神の存在はきわめて間近に感じられ、自分との間にまったく距離がないように思えた。しかしそれと同時に神が無限に広大であることがわかり、それに対して自分がいかに比べ物ならないほどちっぽけであるかを思い知らされた。…中略…私は神を指すのに〝オーム〟

という代名詞をよく使っていた。…中略…〝オーム〟というのは、無私の愛を注ぎ、全知で全能である神、言葉をもってしては説明のできない存在につながる響きとして記憶していた音だったのだ。
P65
P66

13.存在には人間への理解があり、人間と同じ性質を持ち合わせていたが、その度合いが桁違いに広く深かった。私のことも知り尽くしていた。私が人間特有の一面と考えてきたもの――温かさ、哀れみ、哀愁、さらには皮肉やユーモアといったもののすべてを溢れんばかりに備えていた。オームはオーブを通して、私に語りかけた。宇宙はひとつではない。お前の理解を超えるほど数多い宇宙がある。しかしすべての宇宙がその中心に愛を持っている。どの宇宙にも邪悪は存在しているが、ごくわずかでしかない。邪悪が存在しなければ、自由意思を持つことができない。邪悪はそのために必要とされてきた。自由意思を持つことなしには、発展が得られない。進歩がなくなり、神が人類に対して願い続けて来たことを、人類には達成することができなくなる。世俗世界の邪悪は醜悪で強力でもあるが、全体から見れば愛が圧倒的に優勢であり、最終的に勝利を収めるのは愛である。声はそう語った。
P67

14.数限りない高次の次元があることも知った。高次の次元は、その中へ入り、直接体験するかたちでしか知る方法がないこともわかった。低次の次元空間からは、高次元世界は知ることも理解することもできないのだ。因果の関係は高次元にも存在しているが、この世界の概念とは異なっている。またこちらの世界で体験されている時間空間は、いくつもの高次元に複雑なかたちで密接に織り込まれている。言い換えれば、高次元の世界はこの世界と完全に隔絶しているわけではない。あらゆる世界がそれらすべてを包み込む神聖な〝真理〟の一部を構成しているのである。そして高次の世界からは、こちらの世界の時間や場所に自由につながることができるのだ。 P68

15.私はコアの世界を離れ、来た道を戻っていた。眼下には大地が広がり、コアの輝く闇が絢爛《けんらん》とした緑に溶けていった。下方には村の人々、木々やきらめく小川や滝が見え、頭上には弧を描いて飛んでいるあの天使に似た存在たちが見えた。

連れの女性もそこにいた。コアへの旅の間も、光の球体のオーブになってずっと私のそばにいたのだ。いまは再び人間の姿をしていた。…中略…「いろいろなものを見せてあげます。けれどもいずれは、帰ってもらいます」コアの闇へ入って行くときに、言葉を使わず伝えられてきたメッセージが思い出された。そして帰るということの意味が、そのときになって理解できた。 P93

16.低次の領域では、地上で知られるそれとは異なる脈絡のない時間感覚が存続していた。
P94

17.どれほどの時間、私はそこにいたのだろう。わからない。時間をはかる尺度がないのだ。だが再び低次の世界に戻ってから、自分はその場所に囚われているわけではなく、やり方次第で展開をコントロールすることができるとわかるまで、かなりの時間がかかったことを覚えている。真剣に努力すれば、それよりも高次の領域へ戻ることは可能だった。
P95

18.あちら側の世界では、何かを具体的に思い浮かべさえすれば、それに向かっていけることが少しずつわかってきた。…中略…もっと高次の場所へ移りたいと心から願えば、そこへ行くことができた。肉体を離れていた間の私は、濁った暗がりから光が溢れるゲートウェイへ、さらには神聖な闇のコアの中へと、何度も行き来を繰り返していた。
P95

19.あらゆることの基本は、愛なのだ。…中略…愛がもっとも純粋で力強いかたちをとれば、妬みや利己的な感情のない〝無私〟の愛になる。これまでとこれから存在するものすべての中心には無私の愛が息づいていることこそが、理解を超えるほどにすばらしい、真実の中の真実なのだ。そのことに気づかず、あらゆる言動にそれを表現せずにいるとすれば、自分が何であるかという本質を理解することはとうていかなわないのである。 P97

20.脳に支配された物理的な存在でいる間は、背後の広大無辺さを脳が遮断《しゃだん》してしまう、もしくは覆い隠してしまうからである。…中略…脳のフィルターを通して見えるものしか、われわれには見えていない。脳は、特に言語や論理的思考をつかさどる左脳の、分別や自我の意識を抱かせる部分は、高次元の知識や体験を得る上での妨げになっている。 P98

21.自分が神聖な存在の一部であり、それは何があっても――絶対に――変わることがないのを知ることができた。あらゆる種類の不安のおおもとにあるものは、神から切り離されてしまう心配である（それは間違っているのだが）。 P103

22.私と同じ世界を訪れる体験をした人は多いが、不思議なことに、その大多数は肉体を離れている間も地上世界での自分について記憶をとどめていた。…中略…臨死体験者の多くは、その間に人生を振り返るような経験をし、関わりの合った人に出会ったり、自分の行為の良し悪しを見たりした体験を語っている。
私にはそのようなことはまったくなかった。…中略…私の臨死体験にはほかに類例のない特殊な様相が認められる。身体の自己認識から完全に自由になっていたため、古典的な臨死的体験のケースに見られるような、世俗世界での自分を思い出す出来事が完全に欠落していたのだ。

P104

23.地上の自分を忘れていたことによってどのような益があったかと言えば、そのおかげで残してきたものに煩《わずら》わされずに、世俗を超えた世界の奥深くへ入ることが可能になった。あちら側にいた間の私は、最初から最後まで何も失うもののない状態にあった。…中略…人間としてのアイデンティティを忘れ去っていたからこそ、何ものにも妨げられずに広大無辺の存在であるほんとうの自分につながることができた（人はだれも広大無辺な存在なのだ）。
P105

24.臨死体験について書かれたものを読み、高次の世界が浸透するときは段階的なプロセスを踏むのが一般的で、そのときにどの水準にあろうと、より深い場所、あるいはより高い場所へ進むにあたっては、愛着や執着を捨てなくてはならないことを知った。 P106

25.脳が高次の世界への接触を遮断している仕組みを理解するためには、一時的に仮定上の話として、脳それ自体は意識を作り出さないという観点に立つ必要がある。脳はその反対に非物質世界における非身体的な意識を、減圧弁またはフィルターとして、生きてこの世界にいるわれわれに許容できる範囲に制限する働きをしていると考えるのである。 P108

26.この世界を生きている間に先に待ち受けているもののたとえようもない素晴らしさに気づくことができれば、邪悪や不正に直面しながら自由意思を通して正しい決定を下していくことが、はるかにたやすくなるであろう。 P109

27.宇宙の物理的な側面は、不可視の霊的側面に比べれば塵《ちり》のようなものでしかないのだ。以前の私であれば〝霊性〟という言葉を科学的な文脈に使うのは、考えられないことだった。だがいまは、無視できる言葉ではないと考えている。

P110

28.高次の世界では、疑問が浮かべば、同時に答えも浮かんできた。疑問に対し、そのすぐ隣で花が開くようにして答えが浮かび上がるような塩梅《あんばい》になっていた。まるで宇宙の物理的粒子が互いに分離してはおらず、質問にも必ず答えが付随しているかのようだった。返ってくる答えも、単純な〝はい〟〝いいえ〟にはとどまらなかった。それは複雑に入り組んだ大都会のような高遠な概念の一大構造物、圧倒されるばかりの生きた思潮の構造体だった。

P110

29.あちら側で見えた地球は、無限の暗闇に浮かぶ薄青色の点だった。地球とは善と悪とが混在している場所であることがわかり、それが地球の独自性を際立たせる一因になっていた。地球においてさえ、悪より善の方がはるかに優位を占めていたが、地球では高次の次元では考えられないかたちで、悪が影響力を行使することが許されていた。ときには悪が優勢になるのを創造主が容認しているのは、われわれ人類という存在に自由意思の恩恵を授けるためにそうする必要があったからなのだ。

P111

30.しかしながら自由意志というものは、愛と受容から離れる代償を払うかたちでしか得られない。人間は自由な存在でありながら、自由などないと錯覚させる環境にがんじがらめに取り囲まれているのである。それでも地上世界での人類の営みにとって、自由意思には重大な役割がある。いずれ人類が時間を超越した別次元へと入っていくことを可能にする、考えられているよりはるかに深い役割を担っているのだ。いつかは全員がそのことを周知する日がやってくるだろう。世俗世界に生きるのは、取るに足らないことのように思えるかもしれない。可視、不可視の無数の宇宙にひしめく世界や生命の中では、人間などちっぽけな存在でしかないように見える。しかし人間はきわめて重要な存在なのだ。人間はこの世界で神なる存在に向かって成長する役割を担い、その歩みは高次の存在たち——魂や輝く光体——によってつねに見守られ続けているのである

P111

31.人間がその世界に戻るためには、こちらの世界の世事や束縛に苦労しながらも、あちら側に〝似せたあり方〟を心掛けることである。神を人間味のない存在と想像するのは、われわれがおかしやすい最大の間違いだ。確かに神は、科学が解明に努めながら明らかにしている、完璧な宇宙を表す数字の向こうに姿を潜めている。しかし逆説的ではあるが、オームにはそれと同時に豊かな情緒が備わり、その人間味はわれわれ以上であるとさえ言ってもよい。オームはわれわれの想像を絶するほどの深さと関心をもって、個々人の置かれている状況を熟知し、共感を寄せている。われわれが忘れてしまったものの喪失を承知していて、わずかな間でも神聖なつながりの記憶をなくした状態で生きることがいかに過酷であるかを、よく理解しているからなのだ。

P114

32.創造主は一人ひとりに精通した上で目を配り、人間の理解が遠く及ばない深さでわれわれを慈しんでいる。われわれはそのことに気づかなくてはならない時期に来ている。

P126

33.私があちら側の世界で気づかされたのは、この宇宙の言葉に尽くせない広大無辺さと複雑さだった。そこでは存在するものすべての根本が意識であることも知った。意識が周りのすべてとあまりにも密着しているために、〝私自身〟とその自分が移動している世界とが不可分の同じものであることを、たびたび感じさせられた。 P196

34.もうひとつの世界は物理的に遠い場所ではなく、周波数が異なるところに存在しているのだ。いまこの場所にあるにもかかわらず、その世界が顕現する周波数帯に同期することができないために、われわれはそのことに気づかずにいる。 P198

35.宇宙には始まりも終わりもなく、神は宇宙のあらゆる粒子に内在している。 P198

36.霊的宇宙の本質に対して人間がいかに盲目でいるかがわかってから、…中略…この気づきによって私は大いに啓発を受けた。脳や肉体の物理的束縛から各自が自己解放を遂げた暁《あかつき》には、人類の相互理解、共感が驚くほどの高みに達するという展望が開けたからだった。 P199

37.ベールの向こう側を覗き見ることはできる。ただしそのためには、一定の取り組みが求められる。具体的には、本を読んだり話を聞いたりすることから始めればいいだろう。また一日の終わりに瞑想や祈りを通じて意識の深い部分を見つめ、真理に触れることも大切である。
P200

38.神の名前を唱えることや伝道者を描写することを禁じている宗教は、正しく真理をとらえていることがわかった。神の真理は、地上の人間が言葉や絵画で表現できる範囲を完全に超えていた。
P202

39.あちらでは個人としての認識が、同時に隅々まで融和していた。そのため〝自己〟として認知される境界がときには収縮し、ときには永遠の存在すべてを内に感じるほど拡張したりした。認識している境界と周囲の境界が限りなく曖昧になってくると、自分が〝宇宙そのものになった〟ように感じられることもあった。
P202

40.神との対話は想像し得る至高の体験だが、同時にこれほど自然な体験も考えられない。神はつねにここに存在しているからである。全知全能の、人格を備え、無条件の愛を表す神は、すべての人の中に内在し、すべての人が神とのつながりを通じてひとつにつながっているのだ。

P203

P204

訳者あとがきより

41.著者の言葉によれば、臨死体験をすることによってわかったのは、「意識こそが、存在のすべてにかかわる唯一の実体」であり、「われわれが空間、時間、質量、エネルギーとみなしているものは、本質においては高次元の時空で振動する　一連のエネルギーで、最も深いレベルではすべてがひとつに絡み合っている。物質世界とその時空は巧みに組み立てられた幻想であって、そのおおもとにあるものは、神聖なひとつの意識である。意識は脳の活動に伴う現象ではない。物質世界とそこで見えているものの上位にあり、外から物質世界を支える、それよりもはるかに豊かなもの」だった。また、そこで出会った〝神〟は、「この世界で呼び習わされている神という表現には収まりきらないため、無限、永遠を表す〝オーム〟という言葉に拠らない響きとしてしか言い表せない。〝オーム〟は、無限の愛、慈悲、赦し、受容であり、キリスト教徒、イスラム教徒、ユダヤ教徒、ヒンズー教徒、仏教徒徒、無神論者、懐疑論者、すべての子どもたち、地上すべての生命、全宇宙に満ちる意識を愛している存在」であるという。

P235

『マップ・オブ・ヘブン』（白川貴子〔訳〕 早川書房）から

42.人間は一部が地上に、もう一部は天上にある存在であることを、錬金術師たちは知っていたのだ。
P16

43.物質の盤石な構成要素と考えられていた原子は、びくともしないわけでも分解できないわけでもないことがわかり、物質とは強力な非物質的力によって構成されている、目がくらむほど複雑な構造体であることが判明したのである。物質的な実体というものは存在していなかったのだった。
P20

44.人間を人間として生かしているものは、向こう側の天上世界であるというのが、私の考えである。天から来て天に帰る存在である人間は、天上世界こそが自分の故郷であることを知らずにこの世を生きるとすれば、人生の意味を見失ってしまうだろう。

P43
P44

45.魂の領域は、広大な海にたとえられる。生きているときには物理的な脳と肉体がこの世界でのバッファーとして機能しているのだが、その緩衝《かんしょう》装置がなくなってしまうと、低次元の霊的領域に落ち込みやすくなる。低次元の領域は、精神の低い次元に照応《しょうおう》している。そのせいで極端に濁った場所となっているのだろう。古代の人びとが死後の世界を惨めな暗い場所と言っていたのは、この領域のことであるのは、おそらく間違いないだろう。

P46

46.死後の世界にある暗がりの領域は、みずからの内にある模糊《もこ》とした暗い部分に照応する領域である。望みさえすれば、だれもが入ることのできる光の領域へ引き上げてもらえるように、おのれを開放しているかどうかが問題なのだ。

P47

47.私を案内しに現れた光に胸の内で、したがいますとすぐに答え、明るい世界へと連れて行ってもらったのだ。すぐに光を受け入れた私のその部分は、安堵と嬉しさと、来てくれたという思いに溢れて、金色の閃光を輝かせながら近づいてきた光を出迎えたのである。しかしそのようにして「良いもの」がやってきても、心を閉ざしている人がいる。光が降りてきても、したがう気持ちになれないのだ。その場合は、連れ出してもらう心の準備が整うときまで、自分のいる場所――暗がりの中――にとどまることになる。

P47

48.だれもが最終的には、自分の帰るべきところに戻っていくということだ。その場所へは、おのれの愛の大きさに導かれていく。天の本質は愛にほかならないからである。天は愛でできているのだ。

P92

49.道家《どうか》思想を興した中国の老子《ろうし》は、道《タオ》とは万物を生み出す大いなる子宮のようなものであり、何もない〝無〟であると説いた。釈迦は、宇宙の真理は〝空《くう》〟であると教えた。釈迦の言う空とは、からっぽでなにもないことを意味しておらず、想像を絶する一切合財が満ちていることを指していた。老子と釈迦のことばは高次の天上界について語る内容であったために、極端に逆説的な表現とならざるを得なかったのだ。高次元に近づくほど、ものごとの不合理性が増していくからである。

P158

その他参考文献
パラマンサ・ヨガナンダ著「あるヨギの自叙伝」

花山院菩提寺

住所：〒６６９－１５０５ 兵庫県三田市尼寺３５２番地

電話番号：０７９－５６６－０１２５

ホームページ：https://www.kazanin.jp/

■著者略歴
山本　光洋（やまもと　こうよう）
1953年生まれ
高野山大学密教学科卒業
1978年より花山院菩提寺住職として晋山

編集協力：古川創一

本書の内容に関するお問い合わせは弊社 HP からお願いいたします。

巡礼《じゅんれい》の鑑《かがみ》

2020年　7月　26日　初版発行

著　者　山《やま》本《もと》光《こう》洋《よう》

制作・発行　明日香出版社
マイブック出版室

発行者　小　林　勝

発　売　明日香出版社

発売者　石　野　栄　一

〒112-0005 東京都文京区水道 2-11-5
電話 (03) 5395-7650（代 表）
(03) 5395-7654（FAX）
郵便振替 00150-6-183481
https://www.asuka-g.co.jp

■スタッフ■　BP 事業部　久松圭祐／藤田知子／藤本さやか／田中裕也／朝倉優梨奈／竹中初音
BS 事業部　渡辺久夫／奥本達哉／横尾一樹／関山美保子

印刷・製本　株式会社フクイン
ISBN 978-4-7569-2097-3 C0014

リーダーになる人の
武器としての禅の名言

二階堂　武尊

本体 1400 円＋税　B6 並製　240 ページ
ISBN978-4-7569-2046-1　2019/08 発行

「明日を担うリーダーに手渡したい」弘兼憲史氏（「島耕作シリーズ」）推薦！

禅の名言（禅語）は、政治家や財界人の座右の銘として愛されてきた。また、アップル社の設立者・スティーブ・ジョブズのスピーチの原案としても採用されるなど、海外の起業家ほかにも多くの示唆を与えている。

そんな名言の中から、リーダーの武器となる禅語 101 個を厳選。

「ひとり力」のある暮らしかた

阪口　ゆうこ

本体 1300 円＋税　B6 並製　256 ページ
ISBN978-4-7569-2085-0　2020/04 発行

暮らしの中で、夫婦や個人が陥りがちな好ましくない習慣や考え方のクセを分析。実例とともに、ゆるミニマリスト・阪口ゆうこ氏が、「ラクチンなのに凛とした暮らし」のメソッドを提案。
「衣」「食」「住」「お金」「コミュニケーション」などのジャンルで、
今日からできる知恵をわかりやすく解説します。